쓸모 있는 사고를 위한
최소한의 철학

KB208006

쓸모 있는 사고를 위한
최소한의 철학

철학의 문을 여는 생각의 단어들

이충녕 지음

차례

프롤로그 · 9

··· **1장** ···
결국 세상만사를 설명하고 싶어서

○ **만물은 변한다**
탈레스, 밀레토스학파

철학의 시작 ——————— 15
자연철학 ——————— 17
아르케 ——————— 19
뮈토스와 로고스 ——————— 21

○ **형이상학의 아버지**
헤라클레이토스,
파르메니데스

존재 ——————— 24
진리와 의견 ——————— 28
동일성 혹은 차이 ——————— 30

○ **내 말이 맞다구?**
소피스트들

상대주의와 회의주의 —— 33
인본주의 ——————— 37

○ **이데아의 탐구자**
플라톤

이데아 ——————— 43
정의 ——————— 46
지성주의 ——————— 49

··· 2장 ···
어떻게 살 것인가

○
좋은 삶에 대하여
아리스토텔레스

에우다이모니아 ———— 55
프로네시스 ————— 59
아레테 ————— 62

○
다양한 삶의 기준
에피쿠로스학파,
스토아주의, 피론주의

아타락시아 ————— 66
아파테이아 ————— 71
쾌락주의 ————— 73

○
고백하는 철학
아우구스티누스

변증론 ————— 77
주의주의 ————— 80

○
신앙과 이성
토마스 아퀴나스

자연법 ————— 86

··· **3장** ···
내가 나인가? 너는 너인가?

○ **항상 의심할 것**
　데카르트

코기토 —————— 95
심신이원론 —————— 99
기계론 —————— 101

○ **함께 살기 위해**
　홉스, 로크

사회계약론 —————— 105
자유주의 —————— 109

○ **만물 속의 신**
　스피노자

실체 —————— 115
범신론 —————— 118
정동 —————— 120

○ **가능한 최선의 세계**
　라이프니츠

모나드 —————— 125
가능세계 —————— 131

○ **합리적인 사람들**
　버클리, 흄

관념론 —————— 135
경험론 vs 합리론 ——— 141

··· **4장** ···
우리의 세계를 만들다

○ **사유의 천재**
  칸트

선험 ——————— 151
물자체 ——————— 153
의무론 ——————— 156
정언명령 ——————— 159

○ **절대정신이라는 세계**
  헤겔

변증법 ——————— 163
시대정신 ——————— 168

○ **세계를 변화시키는 철학**
  마르크스

유물론 ——————— 171
소외 ——————— 175

○ **극복하는 마음**
  쇼펜하우어, 니체

의지 ——————— 179
표상 ——————— 185
초인 ——————— 188

○ **무엇이 좋은 것인가?**
  벤담, 밀

공리주의 ——————— 194
질적 공리주의 ——————— 199

··· 5장 ···
그럼에도 우리는 나아간다

○ **비판의 철학**   이성 —————— 205
   호르크하이머

○ **타인은 지옥일까?**   실존 —————— 210
   사르트르, 레비나스   타자 —————— 215

○ **언어와 실재의 경계에서**   언어놀이 ———— 221
   비트겐슈타인   가족유사성 ——— 226

○ **현상이라는 세계**   실증주의 ———— 233
   후설

○ **실용성이 곧 진리다**   실용주의 ———— 241
   제임스

○ **철학은 현재 진행 중**   수행성 ——————— 248
   버틀러, 가브리엘   실재론 —————— 253

   에필로그 · 259

저는 철학을 전공했고, 7년째 유튜브에서 철학 지식을 전달하고 있습니다. 그간 사람들로부터 질문을 정말 많이 받았습니다. "철학 공부 어떻게 시작하나요?" 그때마다 저는 "정답은 없다"라고 답했습니다. 각자 자신이 끌리는 걸 공부하면 된다고요.

하지만 이렇게 대답하면서 늘 가슴 한구석이 찔렸습니다. '나는 전공자로서 학교 교육을 잘 받았잖아. 그래놓고 다른 사람들한테는 그냥 원하는 대로 알아서 공부하라고 하면 무책임한 게 아닐까?'

인생의 시간은 무한하지 않습니다. 사람들이 철학 공부

에 투자할 수 있는 시간은 한정적입니다. 다른 할 일도 많으니까요. 철학의 세계는 방대하고, 무턱대고 다가서기에는 엄두가 잘 나지 않습니다.

그러던 중에 저는 난해한 개념들 때문에 철학을 부담스럽게 느끼는 분들이 많다는 걸 알게 됐습니다. 서양 철학자들은 한눈에 이해하기 어려운 단어를 씁니다. 오랫동안 공부한 사람들끼리 당연한 듯 공유하는 개념들이 있거든요. 하지만 일상에서는 이런 말들을 접할 일이 거의 없습니다. 익숙한 사람이 아니라면 머리가 어지러워지기 일쑤입니다.

이런 점에 착안해, 저는 철학에 다가가려 길을 찾는 분들을 위해 철학의 주요 개념들을 설명하는 책을 쓰기로 마음먹었습니다. 철학자들이 당연한 듯 무심코 자주 던지는 단어들, 그 안에 과연 어떤 의미와 맥락이 들어 있는지 풀어내려고 했습니다.

그런데 문제가 있었습니다. 철학의 중요한 단어들은 저마다 복잡한 역사를 품고 있기 때문에 그걸 모두 다루는 게 불가능했습니다. 어쩌면 단어 하나하나 책 한 권씩을 써도 모자랄 겁니다. 그렇게 방대한 이야기를 다루는 것은 제 능력을 한참 벗어나는 일이고, 여러분이 철학에 쉽게 접근하는 데에도 전혀 도움이 안 될 겁니다.

그래서 저는 독특한 방식을 택했습니다. 각 단어와 한 명의 철학자를 짝짓는 겁니다. 어차피 각 개념에 담긴 모든 이야기를 한 번에 알 수 없다면, 일단은 가장 중요한 이야기에서 출발하는 게 좋은 전략이 될 수 있습니다. 각 개념이 발전하는 데에 중요한 화두를 던졌던 인물들이 있습니다. 그들의 사상을 살펴보면 적어도 그 개념을 후대 사람들이 대표적으로 어떤 맥락에서 주로 사용하는지 파악할 수 있습니다.

말하자면, 저는 철학의 '지도'를 만들고자 했습니다. 철학의 세계에서 길을 잃지 않도록, 주요 개념들이 어떤 생각과 어떻게 연결되는지를 정리한 거죠. 지도는 세상을 완벽하게 묘사하지 않고, 길 찾는 데에 도움이 되도록 어떤 것은 생략하고 어떤 것은 강조합니다. 마찬가지로, 이 책도 그렇습니다. 철학 세계의 핵심 지점들을 강조해서 표시하는 걸 목표로 했습니다. 너무 많은 걸 다루려 하기보다 '선택과 집중'을 했습니다. 그동안 제가 철학을 공부했던 경험을 기준으로, 알아두면 분명 큰 도움이 될 개념들을 골라 정리했습니다. 이 지도를 바탕으로 더욱 자신감 있게 자신만의 목적지로 나아갈 수 있게요.

편의상 철학자들을 대략 연대순으로 배열했습니다. 하

지만 순서대로 읽지 않아도 괜찮습니다. 애초에 완벽히 연대에 맞춘 게 아니고, 철학사의 발전 흐름을 자연스럽게 따라가도록 했을 뿐이죠. 저는 인간의 생각이 시대순으로 나아간다고 믿지 않습니다. 우리는 때로 먼 과거의 생각으로 돌아가기도 하고, 과거 안에 이미 미래의 생각이 담겨 있기도 합니다. 철학을 공부한다는 건 무언가를 외우는 게 아니라, 스스로 생각의 길을 걸어가보는 것입니다. 이미 정해져 있는 과거의 생각 경로를 딱딱하게 제시하기보다 지금 우리 삶과의 연결점을 강조함으로써 자연스럽게 자신만의 생각을 열도록 하고 싶습니다.

이 책을 지도 삼아, 자유롭게 생각을 펼쳐갈 여러분을 응원합니다.

1장

결국 세상만사를 설명하고 싶어서

. . .

있는 그대로 세상을 보는 게 가능할까요? 아닐 겁니다.
우리는 언제나 이미 어떤 틀을 통해 세상을 바라보고
있습니다. 철학은 세상을 바라보는 여러 틀 가운데
과연 무엇이 가장 합당한지 경쟁하면서 탄생했습니다.
여러분은 어떤 틀로 세상을 바라보고 있나요?

만물은 변한다

탈레스, 밀레토스학파

철학의 시작

서양철학의 역사는 의외로 튀르키예에서 시작됐습니다. 흔히 '고대철학'이라고 하면 그리스가 본고장이라고 생각하는데요. 이것은 반만 맞는 이야기입니다. 옛날 그리스 문화권은 지금의 그리스 땅보다 훨씬 넓었거든요. 철학의 역사는 현재 기준으로 튀르키예이면서 문화적으로는 그리스에 속했던 지방에서 시작됐습니다. 바로 밀레토스라는 도시에서죠. 그곳에서 최초의 철학자라고 불리는 탈레스 Thales가 활동했습니다. 탈레스는 기원전 626~623년 사이에 태어났다고 추정합니다. 그를 중심으로 밀레토스에서 활동했던 철학자 무리를 가리켜 '밀레토스학파'라고 부르죠.

탈레스는 수학자이자 과학자이기도 했습니다. 일식을

예측해서 사람들을 놀라게 했고, 그림자를 활용해 이집트 기자Giza의 피라미드 높이를 쟀다고도 전합니다. 또한 올리브 풍년을 예측하고 미리 투자해 부자가 됐다고도 알려져 있죠.

하지만 뭐니 뭐니 해도 탈레스는 '최초의 철학자'로 유명한 인물입니다. 무엇이 그를 철학자로 만들었을까요? 그건 바로 "물로부터 만물이 나온다"는 말입니다. 이 세상에 존재하는 모든 것의 근원은 물이라는 거죠. 이를 두고 나중에 철학자 니체는 말했습니다. 만약 탈레스가 "물로부터 흙이 나온다"고 말했다면 철학자가 되지는 않았을 거라고요. 물과 흙은 둘 다 구체적인 사물이고, 그 둘 사이의 관계를 실험이나 관찰을 통해 확인할 수 있습니다. 그래서 과학적인 탐구가 가능하죠. 하지만 만물은 너무 큰 주제라서 과학적으로 탐구할 방법이 없습니다. '물로부터 만물이 나온다'는 주장은 전혀 과학적이지 않습니다.

이 주장은 철학적입니다. 철학적이라는 건 도저히 설명할 수 없는 세상 전체라는 대상을 어떻게든 이성적으로 설명하려 한다는 것을 말합니다. 탈레스는 세상 만물을 설명하기 위해 신비로운 이야기에 의존하지 않았습니다. 신이나 정령 같은 신화적 이야기를 끌어들이지 않았죠. 그보다 눈에 보이는 물이라는 물질을 통해 세상 전체를 설명하려 했습니다. 세상의 가장 깊은 근원에는 물이 있고, 물이 변화해 모든 것들이 만들어진다고 말이죠. 지금 우리의 입장에서 물이 진짜로 세상의 근원인지 아닌지는 중요하지 않습니다. 그보다 탈레스가 물이라는 구체적 대상을 통해 세상 전체를 종합적으로 설명하려고 했다는 게 철학의 역사에서 중요한 지점입니다.

자연철학

탈레스를 비롯한 밀레토스학파 사람들을 가리켜 흔히 자연철학자라고 부릅니다. 자연은 고대 그리스어로 '퓌지스 physis'라는 단어에 해당합니다. 오늘날 영어의 피직스physics, 즉 물리학의 어원인 단어죠. 퓌지스는 본래 '~가 자라나다, 되다'라는 뜻에서 왔습니다. 밀레토스학파에게 퓌지스는 인간이 만든 규칙이나 문화에 반대되는 것이었습니다. 인간의 손을 거치지 않고도 자기 자신을 근원으로 삼아 자발적으로 일어나는 것이 바로 퓌지스죠. 예를 들어 비는 하늘에서 자발적으로 내리고, 숲의 나무는 누가 가꾸지 않아도 자라납니다. 이런 인간 문화 바깥의 모든 것들이 다

퓌지스이고, 이런 의미에서 나중에 퓌지스는 '자연'이라는 의미로 쓰이게 됩니다. 참고로 퓌지스를 라틴어로 번역한 단어가 나투라natura, 즉 자연에 해당합니다.

사람들이 밀레토스학파를 자연철학자로 부르는 이유는 그들이 자연 사물들의 원리를 해명하는 데 관심이 많았기 때문입니다. 이는 철학사적으로 볼 때 꽤나 독특합니다. 왜냐하면 이후 소크라테스 같은 주류 철학자들은 도덕이나 문화에 더 관심이 많았거든요. '인간은 어떻게 살아야 하는가?' '무엇이 진정 옳은 것인가?' 같은 문제들이 후대의 많은 철학자들을 사로잡았습니다. 그런데 자연철학자들은 이런 '인간적인' 문제보다 자연적인 문제에 더 관심이 많았던 거죠.

그렇다고 해서 자연철학이 밀레토스학파 이후로 멸종했다는 건 결코 아닙니다. 자연철학은 끈질기게 살아남으며 후대에 많은 영향을 끼칩니다. 이후의 다른 철학자들이 아무리 인간적인 문제에 관심이 많았다고 해도, 자연 탐구에 열중한 사람들도 많았습니다. 사실 자연을 연구하는 과학과 자연 이상의 것을 연구하는 철학이 엄밀히 나눠진 지는 그리 오래되지 않았습니다. 300년 전까지만 해도 과학자 뉴턴은 자신이 하는 연구를 '자연철학'이라고 불렀을 정도였으니까요. 자연의 만물을 통일적인 시스템 안에서 설명하려 한 자연철학자들의 시도는 중세로까지 이어졌습니다. 그리고 이후 근대에 들어 과학이 폭발적으로 발전하는 토대가 됐죠.

아르케

밀레토스학파에서 가장 중요한 개념은 아르케arche입니다. 아르케는 '시작' 혹은 '근원'이라는 의미의 고대 그리스어입니다. 고고학을 뜻하는 영단어 'archaeology'와 관련이 있죠. 밀레토스학파는 아르케를 물질적인 뜻에서 사용했습니다. 그들은 자연의 가장 근원에 놓인 물질, 원소, 요소 등을 아르케라고 표현했습니다. 탈레스는 물이 만물의 아르케라고 주장했습니다. 밀레토스학파의 일원인 아낙시메네스Anaximenes는 공기가 만물의 아르케라고 주장했습니다. 그는 공기가 압축되면 물이 되고, 물이 더 압축되면 흙이 되고, 반대로 공기의 밀도가 낮아지면 불이 된다고 생각했습니다.

또 다른 밀레토스학파 철학자 아낙시만드로스Anaximandros는 '아페이론apeiron'이 만물의 아르케라고 주장했습니다. 아페이론은 '무규정자無規定者'라고 번역합니다. 그 어떤 특성도 갖지 않고 그 어떤 면모를 통해서도 규정될 수 없는 '무언가'를 뜻하죠. 아낙시만드로스가 이런 입장을 펼쳤던 건 탈레스나 아낙시메네스처럼 한 가지 종류의 물질을 아르케로 설정하는 것에 치명적인 문제가 있었기 때문입니다. 만약 물이 만물의 아르케라면, 물이 변해서 공기, 불, 흙 등이 된다는 겁니다. 그런데 그렇게 따지면 공기가 변해서 물이 되고, 다시 한번 더 변해서 흙이 될 수도 있을 겁니다. 그렇다는 건 공기가 흙이 될 수 있다는 거죠. 그럼 물을 아르케로 봐야 할까요, 공기를 아르케로 봐야 할까요? 어차피 물과 공기 모두 변화를 통해 다른 모든 것이 될 수 있는데 말이죠. 여기에 답을 내리기가 매우 어렵습니다.

이렇게 생각해보면 하나의 구체적인 사물을 만물의 아르케로 보는 것보다는 무규정적인 것을 아르케로 보는 게 더 나은 것 같기도 합니다. 하지만 이것도 완전한 해결책은 아닙니다. 왜냐하면 무규정적인 것을 아르케로 두는 건 어떻게 보면 아르케에 대한 설명을 포기하는 것이기 때문이죠. '모르겠고, 어쨌든 무언가 세상의 근원에 놓여 있다고!' 이런 식으로 딱히 설명력이 없는 주장을 하는 겁니다.

아르케에 대한 밀레토스학파의 설명에는 많은 문제점이

있습니다. 하지만 그것이 철학에서 그리 문제가 되지는 않습니다. 문제점이 없는 철학 이론은 없습니다. 어떻게 해서든 이전보다 더 나은 설명을 제시하려는 노력 자체가 중요합니다. 아르케에 대한 밀레토스학파의 관심은 '세상만사의 근원을 찾으려는 자세'로서 서양철학사에 지속적인 영향을 끼칩니다.

뮈토스와 로고스

학자들은 탈레스가 역사상 최초로 뮈토스Mythos에서 로고스Logos로의 전환을 이뤄냈다고 말합니다. 뮈토스는 '신화'를 뜻하고, 로고스는 '이성'을 뜻합니다. 탈레스는 신비로운 이야기에 의존하지 않고 이성적 추론 능력을 발휘해 자연 속 관계를 밝혀내는 일을 시작했습니다. 신화적 요소가 아니라 물이라는 우리 주변에 실재하는 요소의 물리적 변화를 통해 세상을 총체적으로 설명하려 한 거죠.

하지만 탈레스가 뮈토스를 완전히 버리고 오직 로고스에만 의존했다고 생각해서는 결코 안 됩니다. 탈레스가 물을 아르케로 생각하게 된 데에는 그리스 신화의 영향이 컸다는 해석이 많습니다. 그리스 신화에는 바다의 신 오케아노스가 등장합니다. 고대 그리스 사람들은 지구가 평평하고, 땅 주위를 거대한 강이 둘러싸고 있다고 생각했습니다. 즉, 그들은 바다가 거대한 강이라고 생각했으며, 세계의 끝이라고 여겼습니다. 그리고 그 강을 신의 이름과 똑같이 오케아노스Okeanos라고 불렀죠. 이 단어는 나중에 바다를 뜻하는 영단어 'ocean'의 어원이 됩니다. 그리스 신화에서 오케아노스는 모든 신들의 조상이자 우주의 모든 물리적인 존재의 시공간적 시작점 역할을 합니다. 이런 신화적 이미지는 아마 탈레스가 물을 만물의 아르케로 여기는 데 큰 영향을 끼쳤을 겁니다.

탈레스가 살았던 밀레토스는 바닷가 도시입니다. 탈레스는 아마 매일 바다로부터 온갖 물고기와 교역물품이 쏟아져 들어오는 걸 봤을 겁니다. 지중해에서 따뜻한 바람이 불어오고, 물이 끝없이 순환하며 온갖 생명을 탄생시키는 걸 지켜봤겠죠. 이런 그의 경험은 오케아노스의 신화적 이미지와 결합해 물이 만물의 시작점이라는 생각으로 이어졌을 겁니다. 탈레스의 철학 안에서 뮈토스와 로고스는 완전히 분리돼 있지 않은 거죠.

뮈토스와 로고스의 혼재는 사실 후대의 철학자에게서도 나타나는 것입니다. 많은 철학자들은 철학을 '이성'을 중심으로 규정하고자 합니다. 하지만 그들의 뜻과 다르게 철학은 언제나 비이성적인 믿음을 포함합니다. 예나 지금이나 같습니다. 순수한 이성 같은 건 상상의 산물에 불과합니다. 등잔 밑이 어둡습니다. 철학이 순수하게 이성적일 수 있다고 믿는 사람들이야말로 극단적인 이성주의라는 강력한 신화적 믿음에 사로잡혔다고 할 수 있습니다. 철학의 역사는 결코 이성의 역사가 아닙니다. 뮈토스와 로고스가 서로 상호작용하면서 이뤄진 것이 철학사라고 이해하는 게 더 정확합니다.

자신이 이성적이라고 주장하는 사람들을 의심하세요. 그들은 틀림없이 강력한 신화적 믿음에 사로잡혀 있을 겁니다. 인간은 고대부터 그래왔습니다. 인간은 언제나 로고스와 뮈토스에 한 발씩 담그고 있는 존재입니다.

형이상학의 아버지

헤라클레이토스, 파르메니데스

존재

존재란 무엇일까요? 존재를 설명하는 두 가지 방식이 있습니다. 첫째는 가장 작은 입자에서 출발해 이 세상의 사물과 현상을 하나씩 설명해나가는 겁니다. 앞서 소개한 밀레토스학파가 이런 방식으로 세계의 존재에 접근했습니다. 그들은 만물의 배후에 근원적인 물질이 있다고 생각했고, 그 물질이 어떻게 결합하고 해체되는지에 따라 우주가 움직인다고 보았으니까요.

존재를 설명하는 둘째 방식은, 먼저 전체를 생각한 다음 그 전체의 일부로서 각각의 사물과 현상을 설명하는 겁니다. 예를 들어, 종교에서는 신이라는 거대한 전체가 세상의 모든 것을 포괄한다고 생각합니다. 그다음 각 생명체나 사물의 존재가 신의 뜻에 따라 생겨난 거라고 설명하죠. 현대의 과학자들도 이와 비슷한 시각에서 존재를 설명합니다. 전 우주를 지배하는 과학법칙을 상정한 뒤, 그 법칙에 따라 세상의 구체적 현상을 설명합니다.

고대 그리스의 헤라클레이토스Heraclitus와 파르메니데스Parmenides는 바로 이 둘째 방식으로 존재에 접근하는 걸 유행시킨 철학자들입니다. 이들은 만물이 근원적으로 어떤 물질로 이뤄져 있는지에 별로 관심을 가지지 않았습니다. 이들에게 물질은 전체적 원리에 포괄되는 것이지, 존재에 대한 근본적 설명은 아니었습니다.

헤라클레이토스는 "같은 강물에 발을 두 번 담글 수는 없다"는 말로 잘 알려져 있습니다. 그는 만물이 끝없는 변화의 상태에 있다는 걸 강조했습니다. 강은 계속 흐르기 때문에, 우리는 한 번 발을 담갔을 때 살결에 닿은 물과 다시는 만날 수 없습니다. 그 물은 내가 발을 담근 순간 이미 흘러가버리니까요. 헤라클레이토스는 세계 전체가 마치 흐르는 강물처럼 변화하고 있다고 생각했습니다. 배고픔이 생기면 음식을 먹어서 배를 채우고, 물을 머금은 흙은 햇볕이 비추면 마릅니다. 그는 단순히 세계가 물로 이뤄져 있냐 불로 이뤄져 있냐 이런 걸 밝히는 게 중요한 게 아니라고 생각했습니다. 그보다 물, 불, 공기, 흙 등 모든 물질은 한순 간도 쉬지 않고 변화하고 있다는 걸 파악하는 게 가장 중 요하다고 봤죠.

헤라클레이토스가 생각하기에 변화는 투쟁의 성격을 가 집니다. 만약 모든 것이 평화롭게 자기만족 상태에 있다면 아무런 변화도 일어나지 않을 겁니다. 세상이 항상 변화하 는 건 서로 대립하는 힘들이 자신의 목소리를 주장하며 경 쟁하고 있기 때문입니다. 이런 의미에서 헤라클레이토스 는 "전쟁이 모든 것의 왕이다"라고 말했습니다. 꼭 나라 대 나라의 전쟁이 아니더라도, 기본적으로 세상의 존재 자체 가 거대한 싸움판이라는 거죠. 헤라클레이토스에게는 이 싸움과 변화가 모든 것이 생기고 사라지도록 하는 원천이 었습니다.

파르메니데스는 헤라클레이토스와 반대로 세상에는 그 어떤 변화도 없다고 생각했습니다. 그는 "존재하는 것은 완 전하고, 움직일 수 없으며, 끝이 없다"고 말했습니다. 세상 전체는 언제나 이미 하나의 존재로서 완결적인 상태일 뿐, 거기에서 더 보태거나 빠질 것도, 바뀔 것도 없다는 이야기 입니다. 이 주장은 철학사 전체를 통틀어 가장 이해하기 어 려운 주장 중 하나입니다.

이 파르메니데스의 알쏭달쏭한 말을 이해하는 데는 다음의 비유가 도움이 됩니다. 과연 우리는 우주 바깥을 상상할 수 있을까요? 어떻게 생각하느냐에 따라 다릅니다. 지금 우리가 존재하는 우주가 4차원의 시공간이고, 그 이상의 차원이 존재한다고 생각할 수는 있습니다. 혹은 지금의 우주는 공간적으로 한계가 있으며, 그 바깥에 또 다른 우주가 존재한다고 생각할 수도 있죠. 그런데 한번 각도를 틀어서 생각해보면, 결국 다른 차원이든 또 다른 우주든, 전체로서의 포괄적인 우주 안에 포함되는 거라고 볼 수도 있습니다. 이렇게 생각하면 사실 우주는 그저 처음부터 '하나의' 전체로서 존재할 뿐 그 전체에 대해 근본적인 변화는 아무것도 일어나지 않는 거라고 볼 수도 있습니다.

파르메니데스는 존재 자체에 대해 전체의 차원에서 생각했다고 볼 수 있습니다. 우리는 일반적으로 각 사람이나 각 사물이 존재한다고 생각하며, 그 각각의 존재는 서로 구별된다고 생각합니다. 하지만 이 모든 존재가 한꺼번에 전체로서의 존재에 해당한다고 볼 수도 있습니다. 이런 관점에서는 각 대상이 움직이고 변화하는 게 그다지 결정적인 의미를 갖지 않습니다. 어차피 전체는 항상 똑같이 유지되니까요. 영원한 과거부터 영원한 미래까지 말이죠.

진리와 의견

서양철학에서 진리라는 용어를 공식적으로 처음 사용한 사람은 파르메니데스입니다. 그는 고대 그리스어로 'aletheia'라는 단어를 사용했는데, 이는 '부정否定'을 의미하는 'a'와 '숨겨짐' 혹은 '잊혀짐'을 뜻하는 'lethe'를 합친 말입니다. 즉, 숨겨지거나 잊히지 않고 확실하고 밝게 드러나 있다는 뜻이죠.

파르메니데스는 진리와 의견을 대비시킵니다. 그는 진리는 하나이고, 불변하며, 영원하고, 확실하다고 생각했습니다. 반면 의견은 여러 모습이고, 가변적이며, 일시적이고, 불확실하다고 봤죠. 그는 유한한 몸과 인식 능력을 가진 인간의 입장에서는 결코 진리에 완전히 다다를 수 없다고 생각했습니다. 진리는 신의 영역에 속한 것이어서, 인간은 그저 각기 다른 불완전한 의견만을 가질 뿐이라고 봤죠.

인간은 감각에 의존한 채 온갖 변화를 경험하며 살아갑니다. 해가 저물면 밤이 됐다고 생각하고, 날이 추워지면 겨울이 됐다고 판단하죠. 이렇게 감각적인 믿음에 빠져서 살아가는 한, 우리는 결코 변하지 않는 전체로서의 존재 자체를 생각할 수는 없습니다. 그런 존재에 대한 진정한 앎에 다다르려면 인간적인 감각의 한계를 뛰어넘어 신적인 영역으로 나아가야 한다는 게 파르메니데스의 주장이었습니다. 그의 생각은 이후 철학사에서 줄곧 이성주의적이고 이상주의적인 흐름이 나타나는 데 큰 영향을 끼칩니다. 감각보다는 이성을, 물질적 차원보다는 그 너머의 이상적 차원을 더 우선시하면서 '어둠을 헤치고 빛을 찾는다'는 진리 탐구의 자세를 공고히 한 겁니다.

그런데 파르메니데스가 이런 진리의 이미지를 처음 만들어낸 건 아니었습니다. 그 이전에 그의 스승이라고 알려진 크세노파네스Xenophanes는 깨끗하고 순수한 정신을 혼란스러운 무지의 상태와 대비시켰습니다. 또한 헤라클레이토스 역시 인간이 평소 갖는 무지의 상태를 어둠에 비유했습니다. 그는 대부분 사람이 깨어 있을 때도 마치 잠자는 것처럼 세계를 제대로 이해하지 못한다고 주장했습니다. 사람들은 만물의 배후에 변화와 투쟁이라는 원리가 있다는 걸 보지 못한 채, 그저 그때그때 눈앞의 감각적 현실만 주목하며 살아간다는 거죠. 진리라는 용어를 본격적으로 사용하지 않아서 그렇지, 헤라클레이토스 역시 진정한 앎에 이르는 길을 빛으로 나아가는 과정으로 생각했습니다.

헤라클레이토스와 파르메니데스의 철학에서 앎, 이해, 진리 등이 핵심 주제로 등장한다는 건 이전 밀레토스학파의 자연철학과 상당히 다른 점입니다. 자연철학자들은 인간을 탐구하는 것보다 자연을 탐구하는 데 관심이 많았습니다. 자연의 근원이 무엇인지를 과학적으로 밝혀내려 했죠. 그런데 헤라클레이토스와 파르메니데스는 자연에 대한 지식을 논하는 데서 그치는 게 아니라 '인간이 앎에 이른다는 게 과연 무엇인가?'라는 지식의 본성 자체에 대한 질문을 던졌습니다. 이제 철학자들이 자연을 있는 그대로 받아들이기보다 자연에 둘러싸인 채 살아가는 인간의 모습과 인간의 관점에 주목하게 됐다는 변곡점을 보여주죠.

동일성 혹은 차이

파르메니데스는 세상 모든 것이 어떤 마지막 지점에서는 동일하다고 생각했습니다. 그렇기 때문에 근본적으로는 그 어떤 변화도 일어나지 않는다고 봤죠. 그에게 변화란 그저 진리와 멀리 떨어진 감각의 차원, 의견의 차원에서나 일어날 뿐이었습니다. 얼핏 보면 이런 주장은 진지하게 받아들일 필요 없는 공상 같습니다. 하지만 우리 현대인의 일상에도 이 동일성에 기초한 사고는 깊이 깔려 있습니다.

사실 과학자들이 기본적으로 하는 일이 동일성을 바탕

으로 세상을 설명하는 겁니다. 현대인이 가장 신뢰하는 물리학에서는 전 우주에 빈틈없이 적용되는 물리법칙이 있을 거라고 가정합니다. 눈앞에 보이는 현상 각각은 다 다른 특징을 가졌지만, 그 모든 현상을 지배하는 상위의 법칙이 있다는 거죠. 그 법칙의 기준에서 보면, 세상의 모든 것은 똑같습니다. 한 치의 오차도 없이 전체의 질서에 통합돼 있을 뿐이죠. 물리학을 포함한 과학적 시각에서는 전체에서 벗어난 것, 전혀 다른 것은 결코 존재하지 않습니다.

파르메니데스와 달리 헤라클레이토스는 동일성이 아닌 차이를 기초에 두고 사고했습니다. 그의 생각에 따르면 세상의 그 어떤 것도 서로 동일하지 않고, 심지어 자기 자신과도 동일하지 않습니다. 모든 것은 찰나로서만 존재할 뿐입니다. 무언가 하나가 세워지는 순간 동시에 그것은 무너집니다. 아니, 어쩌면 세워지기 이전부터 이미 무너지고 있는 걸지도 모릅니다. 예를 들어, 저는 주민등록번호 기준으로 보면 태어나면서부터 지금까지 쭉 같은 사람입니다. 하지만 이 기준은 저에 대한 모든 것을 설명하기에 부족합니다. '저에 대한 모든 정보' 따위는 존재하지 않습니다. 저는 태어나면서 지금까지 매 순간 변화하며 다른 사람이 되어 왔습니다. 그 결과 지금 찰나의 제가 있는 겁니다. 그리고 지금의 저는 미처 파악하기도 전에 미래의 저에게 자리를 넘겨줄 겁니다. 동일성이 아닌 차이가 저를 지배하고 있습니다.

하지만 헤라클레이토스도 어떤 점에서는 동일성의 사고로부터 결코 자유롭지 않습니다. 그가 변화, 투쟁, 차이를 강조한 건 사실입니다. 하지만 그럼으로써 그는 변화, 투쟁, 차이를 우주를 지배하는 최종적 원리로 격상시킨 측면이 있습니다. 그러면서 역설적으로 동일하게 유지되면서 모든 것을 포괄하는 존재를 세워버렸습니다. 뭔가를 비판하는 것처럼 보이지만 그럼으로써 오히려 스스로 그것에 빠져버리는 것. 이 패턴은 우리 일상뿐만 아니라 철학자들에게도 항상 나타납니다.

내 말이 맞다구?

소피스트들

상대주의와 회의주의

지금까지의 이야기가 조금 께름칙하다고 느낄 수 있습니다. 참된 지식에 대해 이렇게 다양한 견해가 있는데, 이 중 뭐가 맞는지 어떻게 가려내지? 우주가 물로 이뤄졌는지, 네 가지 원소로 이뤄졌는지, 이성이라는 것으로 이뤄져 있는지, 세상이 언제나 그대로인지, 아니면 항상 변하고 있는지, 최종적으로 알아낼 수 있는 근거가 있을까? 그리고 이런 걸 알아낸다고 해서 무슨 의미가 있지? 어차피 실생활이랑 별로 상관도 없는데 신경 끄고 살면 안 되나? 회의적인 생각이 드는 게 매우 자연스럽습니다.

고대 사람들도 이런 의심을 했습니다. 특히 고대 그리스 아테네의 전성기 때는 무역이 발달하고 해외 식민지가 많이 건설되면서 여러 지역에서 낯선 생산물과 문화가 밀려들어왔습니다. 그런 환경에서 '하나의 올바른 진리가 있다는 게 가능한가?'라고 의심하는 사람이 많이 생겼습니다. 특히 최종적인 윤리적 가치를 심각하게 의심하는 움직임이 생겨났습니다. 여러 지역마다 옳다고 여겨지는 사회 질서와 법도가 다 다른데, 과연 모든 인간이 따라야 하는 가치 같은 게 존재하냐는 거죠.

대표적으로 소피스트sophist라고 불렸던 사람들이 회의懷疑를 품었습니다. 소피스트들은 당시로서는 상당한 고급 교육을 받은 지성인이었고, 지식을 가르치는 전문적인 교육자들이었습니다. 그런데 그들은 스스로 세상의 최종적인 진리를 가르친다고 생각하지 않았습니다. 그보다 말싸움에서 상대를 이기는 방법을 가르친다고 생각했죠.

번영기를 누리던 아테네에서는 부유한 자유민들이 서로 토론을 거쳐 투표로 의사결정을 하는 참여민주주의를 발전시켰습니다. 그런 상황에서, 소피스트들에게 많은 돈을 주고서라도 투표에서 큰 영향력을 발휘할 수 있는 기술을 배우려는 사람들이 많아졌습니다. 투표에서 핵심적인 기술은 결국 연설을 통해 사람들을 설득시키는 것이었습니다. 소피스트들은 이런 필요를 충족시켜, 논증을 통해 상대에게 내가 원하는 바를 납득시키는 기술을 가르쳤죠.

소피스트들에게 진짜로 옳은 게 뭔지는 중요하지 않았습니다. 그보다 자신이 원하는 대로 상대가 생각하도록 만드는 게 훨씬 중요했습니다. 철학사가들은 전반적으로 소피스트들이 상대주의를 표방했다고 주장합니다. 소피스트들은 인간이 어떤 가치를 추구하고 어떤 법도에 따라야 하는지는 사람마다, 상황마다 다르다고 생각했습니다. 지금으로 따지면 무엇이 올바른 법 집행인지는 결코 알 수 없으며, 승소를 위해 최선을 다하면 그것으로 충분하다고 생각하는 변호사와 비슷하다고 볼 수 있습니다.

대표적 소피스트인 트라시마코스Thrasymachus는 "정의란 강자의 이득일 뿐이다"라고 말했습니다. 그는 진정한 정의가 무엇인지 알아내고 그 정의를 수호해야 한다고 말하는 철학자들을 좋아하지 않았습니다. 그가 생각하기에 철학자들은 실용적이지 못하고 위선적이었습니다. 무엇이 진짜 정의인지 알아내지도 못하면서, 마치 고상한 정의가 존재하는 것처럼 말하기 때문입니다. 트라시마코스의 생각에 따르면 사회의 기득권은 무엇보다도 자신의 이익을 위해 행동하고, 정의 같은 가치를 앞세워 자신의 행동에 의미를 부여할 뿐입니다. 강자에게 이득이 되는 규칙 같은 게 정의라는 포장지로 둘러싸였을 뿐이라는 거죠.

소피스트들의 상대주의는 회의주의에 기초하고 있기도 합니다. 유명한 소피스트 고르기아스Gorgias는 말했습니다. "아무것도 존재하지 않는다. 설령 뭔가가 존재한다고 해도, 그것에 대해 우리는 아무것도 알 수 없다. 혹시나 뭔가를 알 수 있다고 해도, 그 지식을 남들과 소통할 수는 없다." 이는 진리에 대한 아주 강력한 회의를 나타냅니다.

아무것도 존재하지 않는다는 건 눈앞에 존재하는 그 어떤 것에도 아무런 의미가 없다는 뜻은 아닙니다. 그보다 눈에 보이는 것들이 우리가 완전히 믿을 수 있는 최종적 실재는 아니라는 거죠. 그리고 혹시나 최종적 실재가 존재한다고 해도 인간은 결코 알 수가 없고요. 소피스트들은 그런 어차피 알 수도 없는 문제로 고민하면서 괜히 삶을 허비하지 말고, 당장 눈앞에 닥친 정치적 문제에서 내 영향력이나 안위를 극대화하도록 노력하자고 이야기합니다.

이런 강력한 상대주의와 회의주의를 펼쳤던 소피스트들은 철학사에서 거의 저주받은 존재로 낙인찍혔습니다. 결과적으로 놓고 보면 철학의 아버지 취급을 받게 된 소크라테스는 소피스트들에 반대해 어떻게든 상대주의와 회의주의를 극복하려고 했고, 그런 정신을 그의 제자 플라톤이 이어받아 더 강화시켰거든요. 오랫동안 소크라테스와 플라톤의 계보를 쭉 이어온 서양철학은 객관적이고 영원한 진리를 추구했습니다. 어떻게든 세계의 원리나 삶의 가치를 나름대로 정의하려 하고, 그걸 정당화하려 했습니다. 이런 흐름 속에서 소피스트들은 비겁하고 진리 앞에서 정직하지 않은 사람들, 말기술로 대중을 현혹해 사회를 무질서와 혼란에 빠뜨리는 사람들이 되었죠. 사실 소피아sophia는 지혜를 뜻하는 단어입니다. 그런데 지금까지도 영어 'sophistry'는 그릇된 논증으로 상대를 기만한다는 뜻으로 쓰입니다.

인본주의

가장 저명한 소피스트인 프로타고라스Protagoras는 "인간이 만물의 척도다"라는 말로 잘 알려져 있습니다. 이는 흔히 상대주의 혹은 관점주의를 가진 주장으로 해석됩니다. 모든 사람을 초월한 절대적인 진리는 존재하지 않으며, 모든 판단은 각자의 관점에 따라 다르게 이뤄질 수밖에 없다는 겁니다. 같은 대상이더라도 누가 바라보느냐에 따라 전혀 다르게 인식될 수 있습니다. 같은 날에도 누군가는 날씨가 좋다고 생각하고 누군가는 날씨가 나쁘다고 생각합니다. 좀 더 복잡한 문제 앞에서는 더더욱 생각이 많이 갈립니다. 사회가 무엇을 추구해야 할지, 공동체가 위기에 처했을 때 개인은 어떻게 행동해야 하는지, 무엇이 행복한 삶인지에 대해 사람마다 생각이 다릅니다. 이런 차이와 다양성을 뛰어넘어 하나의 정답을 찾으려는 게 오히려 부자연스러운 것처럼 보이기도 합니다.

여기서 상대주의가 옳냐 절대주의가 옳냐를 가려낼 필요는 없고, 가려낼 수도 없을 겁니다. 다만 철학자들이 오랫동안 절대주의적 방향성을 추구해왔다는 걸 이해해야 합니다. 절대주의는 과학의 폭발적 발전을 가능하게 했다는 점에서 중요합니다. 만약 역사에서 모두가 상대주의적 지식에 만족했다면, 하나의 참된 과학 이론을 세우려는 의지도 훨씬 약했을 겁니다. 예를 들어, 사과가 땅에 떨어지는 현상을 보고 '사람에 따라 이렇게도 생각할 수 있고 저렇게도 생각할 수 있지' 정도로 생각하고 넘어갔다면 뉴턴의 물리학은 발전할 수 없었을 겁니다. 사람들이 어떻게든 절대주의적 관점을 고수하면서 최종적 진리를 찾으려 노력했기 때문에 지금 우리가 가진 지식체계가 세워질 수 있었습니다.

하지만 문제는 모든 상황에서 절대주의가 옳고 상대주

의가 그른 건 아닌 것 같다는 겁니다. 특히나 인간을 이해할 때 그렇습니다. 어쩌면 인간이라는 대상 혹은 현상은 처음부터 무한한 뒤엉킴을 품고 있기 때문에 어떤 하나의 체계나 관점으로는 결코 완전히 설명될 수 없는 걸지도 모릅니다. 그렇기 때문에 무엇이 옳은지, 어떤 걸 추구하며 살아야 하는지 등의 문제에 수많은 사람이 대답을 내놓으려 했어도 결코 만족할 만한 답을 찾을 수 없는 걸지도 모르죠.

만약 우리가 상대주의를 너무 극단적으로 몰고 가서, 무슨 주장이든 다 똑같이 믿을 만하다고 주장한다면 문제가 될 겁니다. 예를 들어서, 남을 존중하며 살든 도둑질을 하고 살든 똑같이 괜찮다고 믿는다면 심각한 문제가 생기겠죠. 여기에 대해 우리는 어떻게든 남을 존중하는 것이 더 좋다고 정당화해야만 합니다.

그런데 여기서 '해야만 한다'의 절대적인 근거를 발견할 수는 없습니다. 왜 이런 시각을 정당화해야 하는지 우리는 결코 알 수 없습니다. 이런 의미에서 인간적 문제에는 결국 완고한 절대주의적 관점을 세우는 게 불가능한 것처럼 보입니다. 우리는 최소한 어느 정도는 상대주의에 열려 있을 필요가 있는 거죠. 이런 의미에서 저는 소피스트를 너무 부정적인 이미지로만 낙인찍는 건 좋지 않다고 생각합니다.

"인간이 만물의 척도다"라는 프로타고라스의 주장은 단순한 상대주의를 넘어서 아주 중요한 인본주의적 입장을 담은 것으로 해석될 수도 있습니다. 우리는 유한한 인간의 시각을 넘어서는 초월적인 시각에 의존해선 안 된다는 것입니다. 소피스트들은 전반적으로 종교에 대해 불가지론不可知論을 취했습니다. 당시 그리스 사회는 상당히 다양한 시각이 융통되던 사회였기에, 소피스트들만 불가지론을 펼쳤던 건 아닙니다만, 어쨌든 소피스트들은 신의 권위를 통해 인간의 일을 판단하는 것에 반대했습니다. 그들은 인간의 일은 인간에게 달려 있다고 생각했습니다. 다른 초월적인 대상이 아닌, 인간을 지식 추론과 가치판단의 근원에 놓았습니다. 이 점에서 그들은 분명 인본주의적 면모를 보입니다.

하나를 공격하면서 자신의 주장을 내세우는 사람은 언젠가 공격을 돌려받습니다. 소크라테스와 플라톤의 계보를 이은 서양철학이 그랬습니다. 현대에 이르러 인간 사회가 거대한 전쟁 같은 파괴적 소용돌이에 휩싸이면서, 사람들은 절대주의를 표방하는 전통 철학을 뿌리부터 의심하기 시작했습니다. 하나의 올바른 체계를 세우고 나머지 시각을 모두 오류 취급하고 제거하려는 철학의 전통적인 접근방식이 비합리적이고 폭력적이라면서 비판하기 시작한 거죠.

그 과정에서 소피스트들의 권리를 회복시키려는 움직임도 있었습니다. 철학자 데리다Jacques Derrida는 인간의 모든 언어가 결국 타인과의 소통으로 이어진다는 점에서, 철학자와 소피스트는 완전히 구별될 수 없다고 주장했습니다. 철학자는 마치 인간적 소통과는 무관한 절대적 진리를 추구하는 것처럼 굴지만, 그런 초인간적인 진리의 관념은 환상에 불과하다는 거죠. 또, 리오타르Jean-François Lyotard는 정의라는 주제는 결국 인간적 의견과 언어적 소통 과정을 벗어날 수 없기에 소피스트들은 나름대로 합당한 면모를 가졌던 것으로 평가했습니다.

지금도 우리는 절대주의와 상대주의 사이에서 헤매고 있습니다. 만약 삶의 모든 영역에서 절대주의를 완고하게 유지하려고 하면 꽉 막힌 사람이 돼버립니다. 반면 극단적 상대주의를 추구하면 심각한 무질서를 초래할 수밖에 없죠. 이건 상대주의를 절대화하는 거라고 볼 수 있습니다. 따라서 우리는 절대주의와 상대주의 사이 그 어딘가에서 위치를 잡아야 합니다. 양극단으로 치우치는 게 아니라면 나름의 합리성이 있을 겁니다.

마지막으로, 소피스트들은 역사에 관심이 많았다는 걸 언급할 필요가 있습니다. 소피스트들은 사회규범이나 가치가 인간의 활동에 의해 생겨난다고 믿었기 때문에 어떤 역사적 과정을 거쳐서 지금 우리가 받아들이고 있는 것들이 생겨났는지 추론하는 일에 관심이 많았습니다. 소피스트를 평가할 때도 이런 자세를 취할 필요가 있습니다. 철학사를 통해 생겨난 부정적 이미지를 절대적으로 받아들이는 게 아니라, 학자들의 모든 평가는 역사적 과정을 거쳐 생겨났다는 걸 고려해야 합니다. 그것이 대상을 더 공정하게 평가하는 길입니다.

이데아의 탐구자

플라톤

이데아

철학에 대해 잘 모르시는 분들도 이데아idea라는 말은 들어보셨을 겁니다. 그런데 이데아가 왜 유명한지, 왜 지금까지도 사상사에서 중요하게 받아들여지며 계속 이야기되는 건지 모르는 경우도 많을 텐데요. 이데아는 소크라테스의 제자 플라톤이 많이 사용하면서 유명해진 개념입니다. 플라톤은 소크라테스를 주인공으로 등장시켜 책을 여러 권 썼습니다. 사실 소크라테스는 철학의 아버지 격으로 유명하지만, 책을 단 한 권도 쓰지 않았습니다. 소크라테스의 말이 후대에 전달된 건 거의 플라톤의 책을 통해서입니다. 그리고 소크라테스가 살아생전 했던 말에 플라톤이 얼마만큼 자신의 생각을 덧붙여서 책을 썼는지는 알 수 없죠.

이데아는 영어로 'idea'라고 번역되기도 하지만, 'form'이라고 번역되기도 합니다. 그리고 'form'은 한국어의 '형상形像'에 해당하는 말이죠. 서양철학을 공부하다 보면 여기저기서 '형상'이라는 말을 볼 수 있습니다. 꼭 고대철학이 아니어도 근대, 심지어 현대까지도 '형상'은 아주 자주 쓰이는 말입니다. 처음 접하면 도무지 감이 잘 안 잡히는데요. 한국어에서는 잘 안 쓰는 말이다 보니 더더욱 그렇습니다. 대개 형상은 플라톤의 이데아와 비슷한 뜻을 갖는다고 이해하면 편합니다.

이데아는 원형原形을 뜻합니다. 플라톤은 현실에서 우리가 보는 모든 것은 어떤 의미에서 가상에 불과하다고 생각했습니다. 더 높고 완전한 차원에 원형들이 존재하고, 우리가 살아가는 낮고 불완전한 차원의 현실은 그 원형이 변형되어 나타났다는 거죠. 예를 들어서, 물질적 현실에서의 삼각형은 항상 불완전합니다. 삼각형은 직선 세 개로 이뤄져 있어야 하는데, 현실에는 완전한 직선이 존재하지 않죠. 곧아 보이는 선도 확대해서 보면 구불구불하기 마련입니다. 따라서 현실에는 엄밀히 말해 진정한 삼각형이 존재하지 않습니다. 진짜 삼각형, 참된 삼각형, 완전한 삼각형은 이데아의 세계에만 있죠.

플라톤이 상상한 이데아는 아주 다양합니다. 그는 단지 삼각형의 이데아, 토끼의 이데아, 인간의 이데아 같은 것만 생각한 게 아닙니다. 그는 추상적인 개념의 이데아 역시 생각했습니다. 이를테면 아름다움, 선함, 큼 같은 것의 이데아도 존재한다고 봤죠. 이 관점에 따르면, 현실에서의 아름다운 조각상, 선한 인간, 큰 산 같은 것은 각각 이데아의 세계에 있는 원형적인 아름다움, 선함, 큼에 의존해서 나타난 현상입니다. 말하자면, 이데아의 세계는 우리가 상상할 수 있는 모든 것들이 가장 완전한 형태로 자리 잡고 있는 곳입니다.

이 관점은 플라톤 철학 특유의 지성을 강조하는 태도와 연결됩니다. 우리가 물질적 세계에서 경험하는 지혜나 도덕은 항상 우리를 헷갈리게 합니다. 어떤 주장은 참인 것 같다가도, 다시 보면 거짓 같습니다. 어떤 행동은 도덕적으로 올바른 것처럼 보이다가도, 다른 각도에서 보면 용납될 수 없어 보이기도 합니다. 하지만 이데아의 세계에 접근할 수만 있다면 이런 모든 의혹은 사라질 겁니다. 그 세계에는 단순히 어떤 '참돼 보이는 대상' 혹은 '올바른 것처럼 보이는 대상'이 있는 게 아니라, 참 자체, 올바름 자체가 있을 테니까요. 만약 우리가 물질성을 뛰어넘어 지성의 힘을 통해 이데아의 세계를 들여다볼 수만 있다면, 결코 의심할 수 없는 진리와 확고한 가치체계를 얻게 될 겁니다. 마치 수학적 지성을 통해 완전한 삼각형에 대한 앎을 얻을 수 있는 것처럼요.

이렇듯 이데아, 형상은 눈에 보이는 물질적인 것 너머의 차원에 있는 보다 높고 위대한 것을 가리킵니다. 현대의 철학자 화이트헤드Alfred North Whitehead는 이렇게 말한 바 있습니다. "유럽의 철학적 전통을 가장 안전하게 일반화해서 정리하자면, 플라톤에 대한 각주로 이뤄져 있다는 것이다." 즉, 서양철학 전체에는 플라톤 사상의 거대한 그늘이 드리워 있다는 겁니다. 특히 서양철학에서 형상에 대한 열망은 여기저기서 쉽게 관찰됩니다. 지금 우리가 알고 있는 것보다, 지금 우리가 경험하는 것보다 더 완전한 형태의 지식을 어떻게든 손에 넣고자 노력해왔던 게 곧 서양철학의 역사였습니다.

정의

정의란 우리가 일상에서 자주 말하면서도 그 뜻이 뭔지 설명하기에는 참으로 애매합니다. "그 행동은 정의롭지 않아"라고 친구나 동료를 비판하면서도, 그 행동이 정확하게 뭐가 문제라는 건지 콕 집어서 말하기는 어렵습니다.

정의는 기본적으로 공정함에 관한 것입니다. 그리고 공정함은 여러 당사자 사이의 관계에 기초를 둡니다. 간단히 말해, 공정한 것이란 관계의 조화를 보존하는 것이라고 볼 수 있습니다. 반면 불공정한 것은 관계의 조화를 위협하죠. 예를 들어, 독재자가 제멋대로 권력을 휘두르며 사람들의 자유로운 삶을 억압한다면 사회 안에 여러 불만과 갈등이 늘어날 겁니다. 그러면 조화가 깨지고 사회가 불행해지겠죠. 이런 의미에서 권력 남용은 매우 정의롭지 않은 행위입니다.

정의와 조화를 연결하는 사고방식은 플라톤의 철학에서 자라난 전통입니다. 플라톤은 행복한 삶을 위해서는 정의가 매우 중요하다고 생각했습니다. 이때 그가 말하는 정의는 각자가 자신에게 적합한 역할을 뚝심 있게 수행하며 서로의 권리를 침범하지 않는 겁니다. 즉, 사람들이 조화롭게 공존하는 사회가 곧 정의로운 사회입니다.

한 사회가 행복하게 유지되려면 의식주가 필요하고, 외세의 침략을 물리칠 능력도 있어야 하며, 적절한 교육과 올바른 정치도 필요합니다. 이때 만약 사람들이 저마다 맡은 의무를 충실히 수행하지 않는다면 사회가 혼란해질 겁니다. 공무원이 출근을 안 하고, 군인이 싸우길 거부하고, 정치인이 중요한 회의에 참석하지 않는다면 사회는 금방 무너질 겁니다.

사람들이 각자에게 할당된 권리를 넘어 남의 영역을 침범하려고 해도 문제입니다. 정치에 지식이 없는 영화배우가 느닷없이 국무회의에 참석하려 하거나, 요리라곤 해본 적 없는 군 장성이 셰프에게 칼질을 가르치려 들면 일이 제대로 돌아갈 수 없습니다. 각자가 마땅한 영역 안에 머물며 그곳에서 최선을 다할 때 비로소 사회가 매끄럽게 굴러갈 겁니다. 이런 조화로운 사회가 바로 플라톤이 생각한 정의로운 사회입니다.

플라톤은 조화에 기초한 정의의 구조를 개인의 삶에도 적용합니다. 그는 정의가 사회뿐만 아니라 한 사람 안에도 존재한다고 생각했습니다. 그는 인간의 영혼이 이성, 기개, 욕망 세 부분으로 이뤄져 있다고 생각했습니다. 이성은 원리적 사고, 학문적 지식, 지혜 등을 담당합니다. 인간이 물질적 세계를 뛰어넘어 이데아의 세계와 소통할 수 있도록 하는 능력이 바로 이성입니다. 기개는 옳지 않아 보이는 것이 있으면, 용기를 내서 화를 내며 그것을 바로잡도록 합니다. 우리가 타인과 함께 어울려 사회적 동물, 도덕적 존재로서 살아가는 걸 가능하게 하는 능력이 바로 기개입니다. 욕망은 우리가 돈을 벌고 실질적인 경제활동을 하도록 만듭니다. 기초적인 생명 활동을 지속할 수 있는 게 바로 욕망 덕분입니다.

플라톤은 영혼의 세 부분이 서로를 침범하지 않고 각자 맡은 역할을 잘 수행할 때 한 인간이 비로소 정의로운 삶을 살게 된다고 생각했습니다. 욕망에 눈이 멀어 불의를 보고도 기개를 펼치지 못한다면 정의롭지 않은 인간입니다. 또한 자신의 용맹한 기개에 너무 빠진 나머지 지혜는 전혀 추구하지 않고 타인에게 화만 내고 산다면, 그것 또한 조화롭고 정의로운 삶이라고 보기는 어렵겠죠.

지성주의

그런데 이러한 플라톤의 정의 개념에도 이성을 우선시하는 지성주의적인 면모가 숨어 있습니다. 그는 이성, 기개, 욕망이 각각 필수적이면서도 독자적인 역할을 한다는 걸 인정했습니다. 그래서 한 사람의 영혼 안에서는 이들이 모두 잘 작동해야 하며, 또 사회 안에서도 단지 이성이 발달한 사람들만 있으면 안 되고 기개가 발달한 사람, 욕망이 발달한 사람도 꼭 있어야 한다고 봤죠. 특히 사회의 생산활동이 잘 이뤄지기 위해서는 다수의 구성원이 '욕망형 사람'일 필요가 있습니다. 사람들이 지혜를 추구한다고 방에서 공부만 하면 나라의 경제가 어려워질 겁니다. 다수의 사람이 돈을 추구하며 열심히 일해야 사회의 의식주가 풍부해집니다.

그러나 플라톤은 결국 사회의 리더 역할은 '이성형 사람'들이 맡아야 한다고 생각했습니다. 이성이 발달한 이들은 세계 속에서 다른 사람들이 깨닫지 못하는 원리를 발견하며, 그걸 바탕으로 올바른 법을 세우고 현명한 판단을 내릴 수 있습니다. 그래서 사회에 필요한 다른 활동은 다른 사람들에게 맡기더라도, 정치, 통치의 활동만큼은 적절한 교육을 받고 이성을 발달시킨 사람만이 해야 하죠.

한 사람의 영혼 안에서도 마찬가지입니다. 사람이 행복하게 잘 살아가려면 물론 기개와 욕망 역시 잘 작동해야 합니다. 하지만 영혼을 전반적으로 주관하고 삶의 커다란 방향을 좌우하는 건 어디까지나 이성이어야 합니다. 예를 들어서, 아무리 돈에 대한 욕망이 크고 사업 수완을 훌륭하게 발전시킨 사업가라고 해도, 보편적 원리를 추구하는 지혜를 통해 삶을 통제하려는 노력이 수반하지 않는다면 행복하게 살기 어려울 겁니다. 돈을 많이 벌어도 무절제한 탐욕과 주관적인 사견에 빠져 한쪽으로 치우친 삶을 살게 되겠죠. 플라톤은 이런 불균형의 상태를 피하려면, 이성을 통해 사사로운 관점을 뛰어넘고 객관적인 원리를 바탕으로 세계를 바라볼 수 있어야 한다고 생각했습니다.

이게 플라톤의 지성주의적 면모입니다. 사회의 여러 영역, 개인 안의 여러 부분 사이의 조화를 강조하면서도, 결국 이성의 역할을 가장 중심에 놓는 거죠. 이는 우리가 경험하는 물질세계를 불완전한 것으로 바라보고, 그 너머에 완전한 이데아의 세계가 있다는 생각과 연결됩니다. 플라톤에 따르면 진정한 행복은 결코 물질세계에서 찾을 수 없습니다. 여기서는 모든 게 불확실할 뿐입니다. 행복 그 자체, 조화 그 자체, 정의 그 자체는 모두 이데아의 세계에 확고한 형태로 자리 잡고 있습니다. 그렇다면 우리가 해야 할 최선은 이성을 통해 이데아의 세계에 접근하는 것이죠. 그것만이 가장 확실한 지혜와 행복에 이르는 길입니다.

현대철학에서는 플라톤의 지성주의적 체계에 반발하는 움직임도 많이 일어났습니다. 인간을 지적인 존재인 이상으로 몸을 가진 존재, 느끼며 살아가는 존재, 감정을 가진 존재로 바라봐야 한다는 주장이 많이 제기됐죠. 그동안 플라톤 사상의 영향 아래 무시돼왔던 물질적 세계와 감정적 현상에 주목해야만 비로소 인간과 세계를 제대로 이해할 수 있다는 겁니다. 행복한 삶 역시 지성주의적 선입견을 내려놔야만 이뤄질 수 있고요. 현대철학은 플라톤 전통에 뿌리를 둔 지성주의와, 그에 반기를 든 반지성주의가 서로 싸우면서 발전했다고도 볼 수 있습니다.

2장

어떻게 살 것인가

· · ·

어떻게 살아야 하냐는 고민은 철학을 찾도록 하는
가장 큰 원동력입니다. 아무리 많은 걸 알아도 삶의
방향은 늘 답 없는 고민의 연속이기 때문이죠.
시대마다 삶의 기준은 다양했습니다. 학파마다
다르기도 했고요. 야망을 최고의 덕으로 여기는
사람도 있었고, 소박한 삶을 숭상하는 무리도
있었습니다. 삶에 대한 인류의 고민은 지금까지 계속
업데이트돼왔고 앞으로도 그럴 겁니다. 여러 가지
견해를 살펴보고 나에게 가장
잘 맞는 걸 고르는 게 지혜겠지요.

좋은 삶에 대하여
아리스토텔레스

에우다이모니아

아리스토텔레스는 '에우다이모니아eudaimonia'라는 개념을
유행시킨 것으로 유명합니다. 이 단어는 '행복'으로 자주
번역되는데요. 서양철학의 역사에서 행복을 논할 때, 고대
그리스 시기 아리스토텔레스가 논한 에우다이모니아 개념
에 영향을 많이 받았습니다. 우리는 평소 자연스레 행복이
라는 단어를 사용하지만, 역사적으로는 사람들이 행복에
대해서 나름대로 깊게 고찰해온 과정이 있었고, 그 과정의
뿌리에서 아주 중요한 역할을 담당하는 게 에우다이모니
아였습니다.

　'에우eu'는 '좋다' '잘'이라는 뜻이고, '다이몬daimon'은
'수호신' '영혼'이라는 뜻을 갖고 있습니다. 이런 의미에서

에우다이모니아는 인간의 영이 좋게 작동하는 것, 즉 잘 살아가고 있는 것이라고 볼 수 있습니다. 특히, 다이몬에 담긴 '수호신'의 의미를 강조해서, 에우다이모니아를 수호신들이 나를 잘 보살펴주고 있는 상태로 이해해야 한다고 주장하는 사람도 있죠. 어쨌든 인생이 전반적으로 좋게 흘러가고 있는 모습이 에우다이모니아입니다.

그런데 에우다이모니아를 행복으로 번역해선 안 된다는 주장도 많습니다. 에우다이모니아에는 좋은 삶의 객관적인 면모가 많이 들어 있는 반면, 현대인이 말하는 행복에는 주관적 느낌이 가장 중요한 것 같거든요. 우리가 행복하다고 말할 때, 보통은 감정이 안정적이거나 기쁨, 즐거움을 느끼는 걸 중시합니다. 이와 다르게 고대 그리스인들이 말했던 에우다이모니아는 삶의 여러 조건을 잘 충족하면서 전반적으로 잘 사는 것을 의미했죠. 따라서 에우다이모니아를 인간의 '번영, 완성, 충만' 등으로 번역해야 한다는 주장도 있습니다.

예를 들어, 어떤 사람이 어렸을 때부터 자신만의 비판적인 사고를 잘하지 못하도록 가스라이팅을 당해서, 남들이 하는 주장을 그대로 받아들이면서 살아간다고 해봅시다. 다만 물질적으로 풍요롭고 남들과도 잘 지내서 꽤 즐겁게 살아가는 상태입니다. 주관적 의미에서 봤을 때 이 사람은 행복하다고 말할 수 있을 겁니다. 비판적 사고를 못 할 뿐이지 일상생활에 별문제 없이 행복감을 느끼며 살아가니까요. 하지만 아리스토텔레스는 이런 사람에 절대로 에우다이모니아라는 말을 적용하지 않았습니다.

아리스토텔레스는 인간에게는 인간만의 고유한 기능들이 있다고 봤습니다. 인간이 잘 살아간다는 건 그 기능들을 잘 발휘하며 살아가는 것이라고 생각했습니다. 그가 보기에 인간 고유의 기능은 크게 두 가지입니다. 첫째는 정의, 용기, 절제 같은 실용적이고 도덕적인 삶을 살아갈 수 있는 능력이고, 둘째는 지적 관조 활동을 할 수 있는 능력입니다. 아리스토텔레스는 이 두 가지 능력을 잘 발휘하며 살아가지 않는 이상, 결코 잘 사는 게 아니라고 생각했습니다. 아무리 돈이 많아도, 명예가 많아도, 주관적 즐거움을 많이 느껴도요.

특히 아리스토텔레스는 지적 관조觀照의 능력이 무엇보다도 중요하다고 생각했습니다. 그가 보기에 인간에게 있어서 그 자체로 좋은 것은 이성을 통해 자신보다 더 높은 존재에 대해 생각하는 활동밖에 없습니다. 나머지는 다 좋은 삶에 기여하는 것일 뿐, 그 자체로 좋은 건 아닙니다. 고대의 대부분 사람이 그랬듯 아리스토텔레스 또한 신이 존재한다고 생각했습니다. 꼭 인간을 닮은 신이 아니더라도 우주의 원인, 모든 현상의 근원, 최종적인 원리로서의 신이 있다고 생각했죠. 그런데 그 신의 영역에 가까이 다가갈 수 있는 유일한 능력이 바로 지적 관조의 능력입니다. 우리는 골똘히 생각하는 활동을 통해 유한한 나의 존재를 뛰어넘는 초월적인 존재에 집중할 수 있죠. 아리스토텔레스는 인간이 이런 초월적인 활동을 하고 살아가지 않는다면 다른 생명체와 다를 게 없다고 생각했습니다.

이렇게 잘 사는 것, 에우다이모니아, 행복을 지적 관조의 활동과 우선적으로 연결하는 아이디어는 이후 많은 사람에게 영향을 끼칩니다. 물론 행복을 주관적 느낌으로 생각하는 전통도 계속 이어졌습니다. 사실 고대에 아리스토텔레스가 잘 사는 것이 무엇인지 논할 때 인간 고유의 기능을 잘 발휘하는 걸 강조해서 말한 이유도, 당시에도 행복을 단순히 주관적 느낌으로 이해하려는 사람들이 적지 않았기 때문입니다. 더군다나 근대에 들어서 쾌락주의 전통이 발전하고, 현대 심리학과 뇌과학에서 느낌과 감정을 인간 체험의 중심에 놓고 이야기하면서 행복을 주관적 상태로 이해하려는 경향은 더 짙어졌습니다.

하지만 그러는 중에도 주관적 느낌 이상으로 사회적 능력, 지적 능력 등 더욱 복잡한 활동 안에서 행복을 이야기하려는 시도도 계속 있었습니다. 이런 전통은 아리스토텔레스의 에우다이모니아 개념에 근본적인 영향을 받았다고 볼 수 있습니다.

프로네시스

현대에 들어서 철학자들은 갑자기 프로네시스phronesis, 즉 실천적 지혜라는 것에 대해 많이 이야기하기 시작했습니다. 특히 아리스토텔레스가 말했던 실천적 지혜에 주목하는 철학자가 많이 등장했는데요. 이런 움직임은 근대에 대한 비판적 관점과 관련 있습니다. 특히 17~19세기에는 인간의 이성적 능력을 강조했던 사상가들이 많았습니다. 그러면서 순수과학이나 기술이 발전했죠. 그런데 한편으로는 인간의 사회가 너무 각박해지고 위험해졌다고 판단한 사람들도 있었습니다. 이성은, 단순화해서 말하자면 논리를 통해 보편타당한 답을 찾는 능력입니다. 그런데 인간의 삶은 각각 구체적이죠. 살다 보면 보편적 틀을 통해 설명할 수 없는 것도 마주하기 마련입니다. 그런데 근대철학에서는 삶의 구체성이 상대적으로 주목을 못 받았습니다. 이런 상황 때문에 인간 현실에 대한 억압과 왜곡이 이뤄진다고 판단한 사람들도 있었죠.

실천적 지혜는 윤리적 삶의 구체적 차원이 조명되면서 주목받기 시작했습니다. 우리는 누구나 윤리적 문제를 마주치며 살아갑니다. '어떤 선택을 내려야 하는가? 무엇을 추구하며 살아야 하는가?' 이런 고민은 모두 우리의 구체적 삶 안에서 이뤄집니다. 꼭 거창한 사안이 아니더라도 '횡단보도를 건널 때 우측통행을 지킬 것인가?' 같은 사소한 문제도 많죠. 이런 윤리적 문제에 대해 우리가 항상 이성을 통해 보편적 답을 제시할 수는 없습니다.

북한이 미사일을 쏘면 한국 정부로서 어떻게 대응해야 할지, 세금을 어디다 써야 국정 운영에 도움이 될지 같은 중요한 문제를 두고 우리는 보편타당한 답이 무엇인지 확실히 답할 수 없습니다. 게다가 일상의 작은 선택의 순간에 모두 보편타당한 답을 찾다간 아무런 행동도 하지 못하고 고민만 하다가 죽을 겁니다. 운전을 할 때 옆 차가 끼어들려는 걸 허용해야 할지 말아야 할지 이론에 맞는 '답'을 내리고 행동하려다간 사고가 나고 말 겁니다.

우리는 모두 굳이 보편타당한 답이 없어도 삶에서 많은

선택을 내리고 행동을 하고 있습니다. 아리스토텔레스가 말한 실천적 지혜란 바로 이런 실질적인 문제, 구체적 사안에 대해 나름의 판단을 내리며 올바른 균형을 잡아나가는 능력입니다.

실천적 지혜의 특징은 단순히 지식을 통해서는 가르칠 수 없다는 겁니다. 아무리 부모나 선생님에게 도덕 지식을 배워도 삶의 순간순간은 모두 고유하게 구체적입니다. 따라서 그때그때의 행동은 이론적 지식 바깥에서 이뤄질 수밖에 없습니다. 이때 좋은 행동을 선택하려면 긴 시간에 걸친 생활 훈련과 성찰의 반복을 통해 좋은 성격, 습관, 판단력을 갖춰야 합니다. 그러기 위해선 어려서부터 올바른 지도를 받으며 생활하면서, 정의롭고, 용기 있고, 절제를 중시하는 등 좋은 경향성 자체를 몸에 익혀야 합니다. 여러 경험을 쌓으며 성찰을 통해 배움으로써, 구체적이고 결정적인 순간에 좋은 판단을 내릴 수 있는 역량을 키워야 합니다. 이런 이유에서 아리스토텔레스는 젊은이가 실천적 지혜를 잘 갖추는 건 거의 불가능하다고 생각했습니다. 그 능력은 오랜 경험과 반복적인 조정을 거쳐 점진적으로 향상돼야 하기 때문입니다.

아레테

윤리학의 갈래로는 크게 결과주의, 의무론, 덕 윤리학이 있습니다. 결과주의에서는 최고의 결과를 불러오는 행위가 윤리적으로 옳은 행위라고 봅니다. 의무론에서는 보편타당한 의무, 규칙에 맞는 행위가 윤리적으로 옳은 행위라고 봅니다. 반면 덕 윤리학에서는 무엇이 윤리적으로 옳은 행위인지를 중점에 놓고 사고하지 않습니다. 그보다 과연 인간에게 올바른 덕이란 무엇이며, 그 덕을 어떻게 함양할 수 있을지에 대해 이야기합니다.

덕은 고대 그리스어로 아레테arete입니다. 이 말이 라틴어 'virtu'로 번역됐고, 이게 영어의 'virtue'가 됐죠. 한자 문화권에는 덕德이라는 단어가 있었고, 이는 동양철학에서 아주 핵심적인 단어입니다. 그런데 나중에 서양철학의 'virtue'를 번역하면서 이 단어를 써버렸습니다. 그래서 원래 동아시아 문화권에 있었던 덕과 혼동되는데요.

서양철학의 덕은 '탁월함'이라고 번역하기도 합니다. 아리스토텔레스는 덕에는 지성의 덕과 성격적 덕, 두 가지가 있다고 생각했습니다. 그는 지성의 덕에 이론적 지식, 실천적 지혜, 기술적 지식이 있다고 봤습니다. 그리고 성격적 덕에는 대표적으로 용기, 절제, 정의 등이 있다고 봤죠. 여기서 알 수 있듯, 아리스토텔레스의 덕 개념은 동아시아에서 이야기하는 덕과는 약간 다릅니다. 아리스토텔레스가 말하는 덕은 인간으로서 발휘할 수 있는 탁월한 능력 전반을 의미합니다. 수학 연구를 잘하는 것도 덕이고, 목조 기술의 지식을 잘 익히는 것도 덕이고, 사회에서 좋은 관계를 맺는 것 또한 덕입니다.

그런데 덕 윤리학의 맥락에서 특히 중요한 것은 바로 성격적 덕입니다. 아리스토텔레스는 윤리적으로 좋은 삶을 살려면 구체적 상황 앞에서의 좋은 판단력, 즉 실천적 지혜도 필요하지만, 그만큼 좋은 성격도 갖춰야 한다고 생각했습니다. 그리고 그가 생각한 좋은 성격, 즉 성격적 덕의 핵심은 중용을 지킬 줄 아는 겁니다. 예를 들어 두려운 상황에서 중용을 지킬 줄 아는 성격이 바로 용기입니다. 너무 겁먹고 내빼지도 않고, 그렇다고 객기를 부리지도 않고, 딱 필요한 만큼 대응할 줄 아는 거죠. 또한 쾌락을 추구할 만한 상황에서 중용을 지키는 성격이 바로 절제입니다. 지나치게 쾌락을 멀리하지도 않고, 그렇다고 너무 쾌락을 좇지도 않고, 딱 필요한 만큼 쾌락을 추구하는 거죠.

성격적 덕에 어떤 상위의 보편적인 원리는 없습니다. 각 상황에서 무엇이 중용인지 미리 결정할 수 있는 상위의 법칙이 없다는 거죠. 좋은 성격이란 그때그때 맞춰가면서 형성되는 겁니다. 이런 의미에서 아리스토텔레스는 성격적 덕이 장인의 기술과 크게 다르지 않다고 생각했습니다. 예를 들어서, 나무를 깎는 장인은 변화하는 상황에서도 그때그때 딱 필요한 모양으로 나무를 깎을 줄 압니다. 거기에 지식이 도움이 되긴 하겠지만, 그것 이상으로 손에 익어 있는 감각이 중요한 역할을 하죠. 성격적 덕도 마찬가지입니다. 올바른 경향을 체화하고 있어야만 그때그때 유연하게 좋은 행동을 할 수 있죠. 우리는 훌륭한 장인이란 무엇인지 지식적으로 정의하지 않고도 누가 훌륭한 장인인지 대략 판단할 수 있습니다. 마찬가지로, 성격적 덕을 갖춘 사람도 대략 가려내는 게 충분히 가능합니다.

성격이 중요한 건, 한 인간이 추구하는 방향성 자체가 성격에 따라 결정되기 때문입니다. 사람들은 저마다 기분 좋은 것을 추구합니다. 성격이 좋은 사람들은 각 상황에서 중용을 지키면서 좋은 기분을 유지하죠. 용기가 있는 사람은 용기를 내면서 좋아합니다. 우정이 있는 사람은 친구에게 적절히 잘해주면서 좋아합니다. 성격적 덕을 갖춘 사람은 단순히 억지로 좋은 행동을 하는 게 아닙니다. 하기 힘든데 가까스로 자신의 욕망을 참고 이론적 명령에 따라 행동하는 게 아닌 것이죠. 그보다, 그는 자발적으로, 자신의 성격에 따라서, 자신이 이미 갖추고 있는 내적인 경향성이 시키는 대로 좋은 행동을 합니다.

아리스토텔레스는 윤리적 영역에서 훌륭한 사람이 된다는 건 바로 이런 자발적인 능력, 덕을 갖추는 거라고 생각했습니다. 현대에 들어 아리스토텔레스의 생각을 이어받아 덕 윤리학을 옹호하는 사람들이 생겼는데요. 그들은 좋은 삶과 사회를 만들기 위해서 뭐가 옳은 행동인지 이론적 고찰을 하는 것 이상으로, 꾸준한 훈련, 성격 교육, 올바른 습관의 형성을 통해 우리 스스로를 조금씩 변화시켜나가는 게 중요하다고 주장합니다.

다양한 삶의 기준
에피쿠로스학파, 스토아주의, 피론주의

아타락시아

우리가 아는 소크라테스, 플라톤, 아리스토텔레스로 이어져 내려오는 과거의 철학은 고대 그리스 철학의 전성기를 이룹니다. 이런 철학이 발전할 당시 시대의 특징은 이성에 대한 신뢰와 사회 변혁에 대한 믿음이 있었다는 겁니다. 애초에 서양 고대철학의 가장 큰 인물이라고 할 수 있는 플라톤은 피타고라스학파의 수학적 사고 영향을 아주 많이 받았으며, 이성을 통해 인간 삶의 여러 핵심적인 진리를 발견할 수 있다고 믿었습니다. 그는 좋은 논리를 펼쳐서 진리의 길을 잘 따라가면 언젠가 인간 삶의 숨겨진 비밀을 알아낼 수 있다고 생각했습니다. 어떻게 살아야 하는가, 무엇이 옳은 건가, 어떤 사회가 올바른 사회인가 등에 대해 마치 수학자가 수학적 진리를 발견하듯이 철학자는 절대적인 앎에 이를 수 있다고 생각했죠. 플라톤이 이런 믿음이 가장 강했고, 아리스토텔레스는 이보다는 약하지만 그래도 상당히 이성주의적이고 낙관주의적인 시각을 이어받았습니다. 이것이 우리가 흔히 아는 서양철학의 뿌리이며 근대 철학의 많은 사상도 비슷한 의식을 공유합니다.

하지만 고대의 모든 사상이 이런 태도를 지녔던 건 아닙니다. 사실 플라톤의 시대는 고대 그리스의 대표 도시 아테네가 민주주의 정치를 발전시키며 전성기를 맞던 때와 가까웠습니다. 어쩌면 이성에 대한 그의 강한 신뢰는, 사람들의 논리적 합의를 통해 사회를 통치하려는 열망이 있던 시대상과 관련이 있을지도 모릅니다. 그러나 아테네의 전성기가 끝난 이후 서구 사회는 급격히 혼란에 빠져듭니다. 전쟁이 곳곳에서 일어나고 민주주의는 무너졌으며, 이성적 대화보다 무력이 훨씬 더 중요한 상황이 됐죠. 그런 상황에서, 적극적인 진리 탐구와 사회 변혁보다는 내면의 평정을 추구하는 철학이 발전했습니다. 마치 요즘 경제가 불안정한 상황에서 힐링이나 불안 극복을 다룬 책이 인기를 끄는 것과 비슷하죠.

이때 중요하게 부상한 개념이 아타락시아ataraxia입니다.

아타락시아는 혼란이나 불안으로부터 자유로운 것을 뜻합니다. 고대 그리스 전성기의 철학에서는 인간의 행복을 논할 때, 지적인 활동이나 윤리적인 탁월함을 중시했습니다. 즉, 인간으로서 타고난 고귀한 능력을 잘 발휘해서 지성적으로도, 사회적으로도 훌륭한 사람으로 기능하는 걸 행복한 삶으로 생각했던 거죠. 적극적인 활동을 행복의 중심에 놓은 겁니다. 반면 그 이후 시대에는 약간 소극적인 방향으로 사상적 흐름이 바뀝니다. 겉으로 드러날 만한 훌륭한 성취를 이루는 것보다 혼란과 불안에 흔들리지 않는 걸 행복으로 받아들이는 움직임이 나타나죠.

아타락시아를 다뤘던 대표적 사상은 세 가지가 있습니다. 에피쿠로스학파, 스토아주의, 피론주의입니다. 이들이 생각했던 아타락시아는 서로 조금씩 다릅니다.

에피쿠로스학파에서는 아타락시아를 일종의 즐거운 상태로 해석하면서, 행복의 필수 요건으로 봤습니다. 에피쿠로스학파는 철학자 에피쿠로스를 시조로 삼아 즐겁고 평안한 삶을 사는 것을 인생 최대 목표로 보고 그 실천 방법을 탐구한 무리인데요. 에피쿠로스주의자들은 행복에는 감각적인 요소와 정신적인 요소가 필요하다고 생각했습니다. 그리고 그중 정신적인 요소가 곧 혼란과 불안의 부재,

즉 아타락시아라고 봤죠. 그들에게 아타락시아는 인간이 평생에 걸쳐 꾸준히 추구해야 할 최종적 목표였습니다. 그들은 아타락시아에 이르기 위해 지나친 쾌락에 휘둘리는 걸 피하고 절제 있는 생활을 해야 한다고 봤습니다. 자극적인 생활에 익숙해지면 단기적이고 말초적인 이익과 손해에 지나치게 흔들리는 상태가 되니까요.

이와 달리, 스토아주의에서는 아타락시아를 목표가 아니라 부수적인 효과로 생각했습니다. 스토아주의자들은 즐겁고 평안한 상태를 유지하는 것보다 강인하고 현명한 정신의 힘을 갖추는 걸 훨씬 더 중요시했습니다. 그들은 우주의 모든 것이 거대한 원리에 따라 운행되고 있으며, 인간은 그저 그 안의 작은 점에 불과하다고 생각했습니다. 그렇기에 인간의 입장에서 좋아 보이는 것을 좇으려, 혹은 나빠 보이는 것을 피하려 전전긍긍 사는 게 큰 의미가 없다고 봤죠. 그들은 이런 거시적인 관점을 갖추며 명상하고, 일상에서 내게 나타나는 각종 현상에 현혹되지 않는 마음의 힘을 길러야 한다고 생각했습니다. 예를 들어 부모님이 돌아가시면 슬픈 게 당연합니다. 하지만 사실 부모님은 그저 우주의 원리에 따라 하나의 삶의 끝을 맞이한 것일 뿐이므로 슬퍼해야 할 절대적인 이유 같은 건 없죠. 스토아주의자들은 이렇게 외부의 경험에 의해 흔들리지 않는 마음을 갖게 됐을 때 자연스럽게 아타락시아 상태에 이르게 된다고 생각했습니다. 즉, 그들에게 아타락시아는 훌륭한 정신 상태의 결과이지, 인간의 목표는 아닙니다.

마지막으로, 피론주의 역시 아타락시아를 목표보다는 결과로 봤습니다. 피론주의는 피론Pyrrhon이라는 인물로부터 시작된 회의주의 학파인데요. 피론은 인도로 여행을 가서 나체 수행자들 사이에서 가르침을 얻고, 우리가 확실히 알 수 있는 것은 없다는 입장을 서구 사회에 전달했다고 합니다. 피론주의자들은 인간은 그 어떤 참·거짓, 선·악에 대해서도 최종적으로 정당화할 만한 견해를 가질 수 없다고 생각했습니다. 그리고 흥미롭게도 그들은 우리가 진정으로 행복해지기 위해선 가치에 대한 믿음을 버려야 한다고 생각했죠. 만약 우리가 무언가가 가치 있다고 믿으면 그걸 얻기 위해서 애쓸 겁니다. 그리고 무언가가 나쁜 가치를 가졌다고 믿으면 그걸 피하기 위해서 애쓰겠죠. 이 애쓰는 과정 자체가 심리적 집착을 낳고 고통의 원인이 됩니다. 얻고 싶은 걸 못 얻거나 피하고 싶은 걸 못 피하면 고통은 배가 되겠죠. 게다가 만약 운이 좋아서 원하던 걸 얻는다고 해도, 그걸 잃을까 봐 걱정하며 불안에 빠질 겁니다. 따라서 피론주의자들은 모든 가치에 대한 믿음을 버릴 때 비로소 마음은 가장 평화로운 상태에 이르게 된다고 생각했습니다. 그 어떤 것에 대해서도 아무런 최종적인 견해를 갖지 않기 때문에 마음이 혼란과 불안에서 자유로운 상태, 이게 바로 그들이 생각한 아타락시아죠.

이런 점에서 피론주의는 에피쿠로스학파 및 스토아주의와 큰 차이를 갖습니다. 에피쿠로스학파에서는 즐거움이, 스토아주의에서는 정신적 힘이 좋은 거라고 여겼습니다. 그들은 가치판단을 피한 게 아니라 무엇이 좋은 건지에 대한 확실한 견해를 갖고 있었습니다. 그리고 그런 확실한 길을 잘 추구할 때 아타락시아에 이르게 된다고 봤죠. 반면 피론주의자들은 그 어떤 확실한 판단도 피한 겁니다. 이런 유보의 상태가 아타락시아의 핵심이라고 봤죠.

아파테이아

아타락시아와 자매품처럼 언급되는 아파테이아apatheia가 있습니다. 아파테이아는 감정의 부재를 뜻하는데요. 이 개념은 스토아주의자들이 주로 사용했는데, 그들은 사실 아타락시아보다 아파테이아를 더 강조해서 다뤘습니다. 왜냐하면 그들에게 아타락시아는 훌륭한 정신의 결과로서 주어지는 것에 불과한 반면, 아파테이아는 훌륭한 정신의 조건 그 자체이기 때문입니다.

평소 우리가 혼란과 불안에 시달리는 때를 생각해보면 외부에서 닥치는 사건과 나의 감정 사이를 구별하지 못하기 때문인 경우가 많습니다. 어떤 사건을 겪었을 때 즉각 어떤 감정을 느끼고, 그걸 절대적으로 받아들이기 때문에 지속적인 고통에 시달리는데요. 외부 세계의 일들은 나의 의지와 상관없이 진행되고, 감정은 어느 정도 나의 내부로부터 일어납니다. 따라서 감정은 내 의지로 어느 정도는 컨트롤 가능한 부분이 있습니다. 이 컨트롤의 가능성을 제대로 의식하지 못할 때 우리는 불필요할 정도로 강한 동요에 시달립니다. 스토아주의자들은 내가 할 수 있는 일과 할 수 없는 일 사이를 명확히 구별해서 이런 불필요한 감정의 날뜀을 피해야 한다고 봤습니다.

아파테이아를 강조했다고 해서 스토아주의자들이 모든 감정을 피해야 한다고 주장했던 건 아닙니다. 일단 어떤 일을 겪으면 감정이 일차적으로 밀려드는 건 어쩔 수 없습니다. 아무리 마음 단련이 잘된 사람도 약간의 감정적 동요를 느끼며 살아가기 마련이죠. 중요한 건 일차적으로 든 감정

에 필요 이상으로 휘둘리지 않으며, 이차적인 혼란의 상태
까지 나아가는 걸 피하는 겁니다.

쾌락주의

서양철학을 공부할 때 그 뜻을 오해하기 쉬운 단어가 '쾌
락'입니다. 한국어의 쾌락은 그 자체로 약간 부정적인 의미
를 갖습니다. 영어의 'pleasure'도 마찬가지이긴 한데요. 그
래도 한국어의 쾌락보다는 덜 부정적입니다. 쾌락은 대체
로 부정적인 의미로만 쓰이지만, 'pleasure'는 그냥 즐겁고
기분 좋은 상태를 중립적으로 나타낼 때도 있죠.

　서양철학에서 쾌락이라는 단어는 중립적인 의미로 사
용될 때가 많습니다. 물론 부정적 어감을 담아 사용할 때
도 간혹 있긴 한데, 기본적으로는 중립적인 의미라고 보는
게 안전합니다. 현대의 공리주의자들은 쾌락이라는 말을
아주 많이 사용하는데요. 그들은 한 사회에서 최대 다수의
최대 행복을 가져다주는 행위가 윤리적으로 옳다고 봅니
다. 여기서 행복을 계산하는 가장 기본적인 방법으로 최대
의 쾌락과 최소의 고통을 이야기하죠. 그들이 말하는 쾌락
은 친구와 함께 놀아서 기분이 좋거나, 꿈을 이뤄서 마음이

좋은 감정으로 가득 차거나, 맛있는 걸 먹어서 좋은 감각을 느끼는 것 등 다양한 걸 의미합니다. 생명체가 기분 좋게 느끼는 걸 총칭해서 쾌락이라고 부르는 거죠. 여기에 딱히 부정적인 의미는 없습니다.

'쾌락주의hedonism'는 조금 더 애매한 단어입니다. 역사적으로 쾌락주의는 비판적으로 사용될 때가 많았는데요. 다른 가치를 도외시하고 쾌락만을 지나치게 추구한다는 의미로 사용된 거죠. 그런데 쾌락주의라고 불리는 사상이라고 해서 꼭 이런 모습인 건 아닙니다.

에피쿠로스학파는 역사상 가장 먼저 쾌락주의라는 이름과 연결된 사례입니다. 그런데 에피쿠로스학파는 우리가 일반적으로 생각하는 쾌락주의의 부정적인 모습과 아주 다릅니다. 그들은 쾌락에 가장 좋은 가치를 부여했습니다. 쾌락을 좇아서 살아야 한다고 주장했죠. 여기까지만 들으면 방탕한 생활을 요구했을 것 같지만 결코 그렇지 않습니다. 그들은 오히려 절제하는 생활을 매우 강조했습니다.

에피쿠로스학파는 즉각적이고 자극적인 쾌락이 아니라 오랫동안 안정적으로 지속되는 쾌락을 추구했습니다. 그리고 기분 좋은 상태가 장기적으로 유지되기 위해선 과도한 욕망을 부리지 않아야 한다고 봤죠. 그들은 기분 좋고 행복한 삶을 위해 필수적으로 채워야 하는 욕망은 매우 적으며, 그것은 꽤 쉽게 채워질 수 있다고 생각했습니다. 그런데 거기에 만족하지 못하고 점점 더 많은 걸 욕망하면 채워지지 않는 갈증 때문에 고통받게 되죠.

이런 이유로 에피쿠로스학파는 쾌락주의라는 이름과 어울리지 않게 금욕주의로 이어지기도 했습니다. 너무 과하게 좋은 걸 겪으면 당시에는 좋을지 모르나 금방 쾌락이 사라지며, 이후에는 과도한 쾌락에 자극받은 마음이 혼란을 겪게 된다고 봤죠. 맛있는 음식을 푸짐하게 먹으면 그때는 좋지만 금방 다시 배가 고프며, 계속 맛있는 걸 먹을 수 없는 상황이 되면 좌절할 수도 있습니다. 반면 맛있는 걸 가끔씩 먹는 버릇을 들이면 평범한 음식에도 적당히 만족하면서 지속적으로 즐거움을 느낄 수 있죠. 에피쿠로스학파 사람들은 감각적인 쾌락은 최대한 절제해서 가늘고 길게 가져가면서 그 외의 시간과 에너지를 지혜나 사회적 활동에서 더 고차원적인 쾌락을 얻는 데 써야 한다고 생각했습니다.

요즘처럼 비교가 일상화된 사회에서는 절제 있는 육체적 쾌락을 통해 지속적인 만족을 얻는 게 참 쉽지 않은 일인 것 같습니다. 내가 평범한 음식을 먹을 때 다른 사람이 값비싼 음식을 먹는 걸 보면 신세가 초라하게 느껴질 수 있죠. 그렇다고 해서 자극적인 쾌락을 좇는다고 더 행복한 삶을 사는 건 아닌 게 분명합니다. 남들이 해외여행을 간다고 나도 무절제하게 해외여행을 갔다간 마음의 평정이 깨지고, 눈은 점점 높아지고, 돈은 없어져서 나중엔 더 불행해지겠죠. 에피쿠로스학파식 쾌락주의가 현대사회에서 실천하기 정말 어려운 건 맞지만, 이런 절제하는 쾌락주의를 배우려고 노력할 필요가 있어 보입니다.

고백하는 철학

아우구스티누스

변증론

변증론은 여전히 신학 분야에서 많이 사용되는 말입니다. 서양 중세 철학에서도 등장하는 개념이죠. 이 단어는 변증법과 비슷하게 생겨서 혼란을 일으키기 때문에, 정확한 차이를 알아두는 게 좋습니다. 변증론은 영어로 'apologetics'로, '변명하다'라는 뜻을 가진 'apology'와 같은 어원을 갖습니다. 반면 철학에서 자주 말하는 변증법은 영어로 'dialectics'로, '대화하다'를 뜻하는 'dialogue'와 같은 어원을 갖습니다. 한국어로는 아주 비슷하게 보이지만 사실은 전혀 다른 개념입니다.

변증론은 서구사회에 그리스도교가 퍼지는 과정에서, 다른 종교를 가진 사람들이 여러 의심을 제기하자 거기에 이성적으로 납득이 갈 만한 반론을 제시하는 과정에서 발전했습니다. 즉, 변증론은 원색적으로 말하자면 변명의 논리인 셈입니다. 예를 들어 그리스도교의 신은 이 세상의 모든 것을 알며, 모든 능력을 지녔고, 완전히 선하다고 말해지는데요. 그렇다면 '그렇게 대단한 신이 도대체 왜 이 세상에 악을 만들었는가?' 하는 의문이 자연스럽게 떠오릅니다. 왜 악한 사람이 존재해서 다른 사람들에게 고통을 주는 걸까요? 이런 문제들에 논리적인 답변을 내놓는 시도가 바로 변증법입니다.

철학자이자 그리스도교 성인인 아우구스티누스Augustinus는 변증론을 가장 앞서서 발전시킨 사람입니다. 그는 악의 존재 문제에 대해, 악은 실재하지 않는다는 답을 내놨죠. 우리는 평상시 악이 존재한다고 당연한 듯이 생각하지만, 사실 악은 실질적으로 존재하는 건 아니라는 겁니다. 그의 주장에 따르면 정말 진실한 의미로 존재하는 것은 신과 인간의 영혼입니다. 그리고 그런 실질적 존재의 단계로부터 점점 멀어지는 육체와 감각의 영역에 이르면, 도둑질이나 거짓말처럼 '악으로 보이는 것'이 생겨날 뿐이죠. 하지만 그런 것들은 진정한 의미에서 존재하는 것이 아닌, 그저 존재로부터 멀어진 것일 뿐입니다. 현대인, 그리고 비그리스도교인의 입장에서 보자면 다소 해괴한 논리이긴 합니다. 어쨌든 고대의 많은 사람은 이런 논리 속에서 만족을 찾았습니다.

고대 로마 제국이 기울어가면서 서구사회는 극심한 혼란에 빠집니다. 전쟁과 약탈의 소용돌이는 점점 더 심해졌죠. 인간이 자신의 의지로 행복한 삶에 이를 수 있다는 독립적인 가치관이 점차 약해졌을 겁니다. 그런 환경 속에서 절대적 존재에 의지하지 않고서는 마음의 평정을 찾기 어렵다는 생각이 널리 퍼졌죠. 그리스도교는 바로 이런 요구에 응답했던 겁니다. 그리스도교에서는 신이 냉정하고 중립적인 우주의 원리가 아니라, 인격을 갖고 인간의 목소리에 대답하는 존재입니다. 누군가가 내 목소리를 들으며 나를 신경 쓰고 있다는 종교적 교리는 혼란기 속 많은 사람에게 위안을 주며 영향력을 확대했습니다. 변증론은 감성뿐 아니라 이성에도 호소하는 역할을 했고요. 이후 감성과 이성 두 측면에서 사람들의 정신 속에 깊이 파고든 그리스도교는 서양 사상에 막대한 영향을 끼치게 됩니다.

앞으로 AI 같은 과학기술의 발전과 전쟁 등으로 세상이 혼란스러워질수록 사람들은 지금보다 훨씬 더 종교적인 마음을 갖게 될지도 모릅니다. 특정 종교를 받아들이는 게 아니더라도 눈앞에 보이는 것 이상의 초월적인 가치를 좇게 될 수 있다는 거죠. 그때가 되면 각종 형태의 변증론이 인기를 끌게 될 수도 있습니다. 인간은 단순히 가슴이 시키는 대로 믿는 것에 만족하지 못하고, 항상 이성적 설명과 정당화를 찾는 존재니까요.

주의주의

주의주의主意主義는 주지주의主知主義와 대립을 이루는 개념입니다. 모두 그리스도교 철학 안에서 주로 이야기 되는 개념인데요. 거칠게 말해, 주의주의는 인간의 지성에 대비해 의지의 역할을 더욱 강조하는 사고방식이고, 반대로 주지주의는 지성을 더욱 중심에 놓는 사고방식을 뜻합니다.

고대부터 서양 철학자들 가운데서는 주지주의적 사고방식을 가진 사람들이 많았습니다. 사실 주지주의는 이해하기 어려운 개념이 아닙니다. 인간은 지구상에서 가장 똑똑한 동물로서 유일하게 '이성'이라고 불리는 능력을 지녔습니다. 예로부터 많은 사람이 이 지적인 능력을 특별하게 생각해왔고, 인간의 가장 고유한 부분이자 결정적인 정체성으로 생각해왔죠. 그렇다 보니 지적인 능력을 바탕으로 인간 삶의 주요 주제들을 해석하려고 한 것은 이해가 잘 가는 부분입니다.

예를 들어 플라톤과 아리스토텔레스는 추상적인 지식 탐구나 지적인 관조 활동을 하는 것이 진정한 행복의 필수 조건이라고 생각했습니다. 에피쿠로스학파와 스토아주의에서도 지적인 활동이 인간의 진정한 즐거움과 덕의 핵심을 이룬다고 봤죠. 이런 전통은 나중에 근대까지 이어졌습니다. "나는 생각한다, 고로 존재한다"나 "만족한 돼지보다 불만족한 소크라테스가 낫다" 같은 근대 사상가들의 유명한 격언들은 모두 지적인 성찰과 탐구 활동의 중요성을 강조하는 메시지를 담고 있죠.

이렇게 생각해보면, 주의주의는 과연 뭘 의미하는 건지 궁금해집니다. 의지란 무엇이길래 지성보다 중요하다는 걸까요? 의지 개념을 철학 분야에서 처음 본격적으로 사용하기 시작한 사람은 아우구스티누스였습니다. 그 당시에 널리 사용되던 라틴어로 의지는 'voluntas'로, 오늘날 영어에서 '자발적인'이라는 뜻을 가진 'voluntary'에서 그 흔적을 찾아볼 수 있습니다. 의지에 해당하는 영단어는 'will'인데요. 이 단어는 일상에서 '무언가를 할 것이다'라는 미래시제의 의미로 사용되죠. 그런데 이 단어는 독일어 'wollen'(볼렌)과 어원을 공유하며, 멀리 거슬러 올라가면 라틴어 'voluntas'와 연결됩니다.

아우구스티누스가 말한 의지는 인간의 영혼을 이루는 한 부분으로서 단순한 욕망과는 다르며, 그렇다고 해서 이성적인 사고도 아닙니다. 욕망의 특징은 나도 모르는 새에 일어나며, 어떤 대상을 향한다는 겁니다. 예를 들어서, 물을 마시고 싶다는 욕망은 내가 의식하지 못한 사이에 생겨나 물이라는 대상을 향해 몸을 움직이도록 만들죠. 이와 달리, 사고의 특징은 내가 명확한 의식 안에서 조종할 수 있다는 겁니다. 삼각형의 원리에 대해 생각할 때, 나도 모르게 생각한다는 건 불가능하죠. 생각한다는 건 내가 그 생각을 의식하고 있다는 걸 뜻합니다. 의지는 욕망과 사고의 특징을 모두 가집니다. 어떤 대상을 향하면서, 의식에도 또렷이 나타나죠. 예를 들어 사과를 먹고자 하는 의지를 갖는다는 건 단순 충동적으로 사과로 향하는 게 아니라 명확한 의식적 지향점을 갖고 사과라는 목표로 향하는 겁니다.

아우구스티누스 이전 사상가들은 주로 인간의 내적 갈등이 욕망과 사고 능력 사이에서 벌어진다고 생각했습니다. 머리로는 하면 안 된다는 걸 아는데 자꾸만 몸이 그쪽으로 끌릴 때 인간이 고민을 겪게 된다는 거죠. 아우구스티누스는 다르게 생각했습니다. 그는 서로 상충하는 의지가 내적 갈등을 낳는다고 봤습니다. 도둑질하고 싶은 의지와 법을 지키고 싶은 의지가 동시에 있다면 내적 갈등을 겪게 되는 거죠.

무언가를 이론적으로 안다는 것만으로 어떤 고민을 겪게 되지는 않는 것 같습니다. 도둑질 하면 안 된다는 걸 단순히 안다고 해서 고민이 들지는 않죠. 그 규칙을 지키고 싶은 의지, 혹은 그 규칙을 존중하는 다른 사람들과 함께 어울려 잘 살아가고 싶은 의지가 있는 경우에만 우리는 도둑질에 대한 고민에 빠지게 됩니다.

또한 단순히 욕망이 있다고 해서 내적 갈등을 겪게 되는 것도 아닌 것 같습니다. 도둑질을 하고 싶은 욕망이 있어도, 법을 준수하고 싶다는 의지가 명확하다면 별 고민을 하지 않을 겁니다. 우리가 괴로운 고민에 빠지는 건 올바른 의지가 약해지고 잘못된 의지가 치고 올라올 때입니다.

아우구스티누스는 인간이 행복한 삶, 신의 뜻에 합치하는 삶을 살려면 의지를 올곧게 만드는 게 가장 중요하다고 생각했습니다. 단순히 많은 지식을 쌓는 것만으로는 부족합니다. 아무리 많은 걸 알아도 의지가 뒤틀려 있다면 악한 행동만 일삼으면서 살아갈 겁니다. 우리는 부패한 사람들에게서 이런 면모를 많이 봅니다. 그들 중에는 학식이 뛰어난 사람들도 더러 있습니다. 평생에 걸쳐 많은 종교적 지식을 쌓은 종교 지도자도 있죠. 하지만 도덕적이고자 하는 의지가 없으면 그 지식을 활용해 악행을 저지를 뿐입니다. 이런 의미에서 아우구스티누스는 의지의 중요성을 무엇보다도 강조한 겁니다.

아우구스티누스의 주의주의적 관점은 믿음에 대한 그의 강조와도 연결됩니다. 그는 독특하게도, "나는 이해하기 위해서 믿는다"라고 주장했습니다. 신에 대한 믿음이 곧 세상에 대한 올바른 이해로 자신을 이끌어줄 거라는 뜻입니다. 한마디로, 순서상으로 봤을 때 이해보다 믿음이 더 먼저 온다는 겁니다. 믿고 나서야 비로소 이해할 수 있게 되는 것들이 존재한다는 거죠. 그는 그리스도교 사상에는 명확한 증거로 입증될 수 없는 부분이 많이 있다는 걸 인정합니다. 하지만 바로 그렇기 때문에 자신은 믿는다고 말합니다. 비종교인의 논리로는 모순적으로 보이겠지만, 주의주의의 관점에서 보면 그럴듯한 말입니다.

믿음과 이해는 의지와의 관계에서 큰 차이를 갖습니다. 이해는 의지대로 되는 일이 아닙니다. 어떤 걸 이해하기를 의지한다고 해서 실제로 이해가 되는 건 아니죠. 반면 믿음은 어떤가요? 믿음은 의지를 통해 성취될 수 있는 것처럼 보입니다. 믿고자 하는 강력한 의지만 있다면, 확실한 증거가 없어도, 지적으로 설득되지 않아도 어떤 걸 믿는 게 가능하다는 거죠.

아우구스티누스는 인간의 의지를 통해 이룰 수 있는 최선의 일, 즉 신에 대한 믿음을 갖는 게 인간이 이룰 수 있는 가장 중요한 일이라고 생각했습니다. 그리고 그런 일을 성취할 때 신의 인도를 통해 비로소 올바른 이해로 향하는 길이 열리고요. 오늘날의 '꿈은 이루어진다'라는 사고방식의 원형을 우리는 아우구스티누스의 주의주의 사상 안에서 찾을 수 있습니다.

신앙과 이성

토마스 아퀴나스

자연법

학창 시절 교과서에서 '자연법自然法'이라는 개념에 대해 들어보신 분들 많을 겁니다. 자연법이란 인간이 타고나는 본성에 기초해 '자연적으로' 존재하는 법을 가리킵니다. 솔직히 말해서 저는 고등학생 시절 자연법이 무엇인지, 그리고 왜 철학자들이 이에 대해 논했던 건지 이해하지 못했습니다. 그냥 정의를 외우고 시험을 봤을 뿐이었죠. 하지만 암기식 공부를 넘어서 생각해보면 자연법은 참으로 심오한 주제입니다.

자연적으로 법이 있다는 게 도대체 무슨 소리일까요? 물리학이나 생물학에서 말하는 자연법칙을 말하는 게 아닙니다. 우리가 일상에서 매일 지키는 국가의 법처럼, 인간이 마땅히 따라야 할 도덕적인 삶의 법칙을 말하고 있는 겁니다. 의문이 듭니다. 법이란 사람이 만드는 거잖아요? 국회에서 투표를 해서 만들든, 독재자가 선포를 하든, 사람이 만들어서 공포하는 게 법입니다. 그런데 자연법 사상에서는 사람이 법을 만들기 이전에 이미 자연적으로 존재하는 법이 있다고 주장합니다. 그리고 우리는 그 법을 '발견'하고 거기에 따름으로써 올바른 삶을 살 수 있고요.

수학적 원리와의 비유를 통해 이해해보면 좋을 것 같습니다. 수학적 원리는 인간이 만드는 걸까요, 아니면 이미 자연에 있는 걸 인간이 발견하는 걸까요? 여기에 대해서는 이견이 있습니다. 누군가는 수학적 원리란 그저 인간의 머릿속에서 생겨나는 거에 불과하다고 생각하고, 누군가는 수학적 원리가 인간의 활동과 별개로 이미 자연 속에 깃들어 있으며 수학자가 그 자연의 내밀한 원리를 발견하는 거라고 생각합니다. 이 중 자연법의 존재를 믿는 사람들은 후자처럼, 인간의 도덕적 삶, 선과 악, 행복 등을 관장하는 원리가 인간의 활동에 앞서서 이 세계 안에 아로새겨져 있다고 보는 겁니다.

자연법 사상은 중세의 기독교 철학자 토마스 아퀴나스 Thomas Aquinas에 의해 진지하게 시작됐다고 평가받습니다.

토마스 아퀴나스는 신이 세상을 창조했다고 믿었습니다. 그리고 신은 완전히 선한 존재라고 믿었죠. 따라서 신은 이 세상이 불완전하게 파괴되는 방향으로 나아가도록 놔둘 리 없습니다. 신은 이 세상의 모든 것이 점점 더 완전성을 향해 나아가며, 궁극적으로는 자기 자신을 완성하는 단계에까지 이르도록 이끌죠. 이런 생각에 따르면 우리가 평소 경험하는 온갖 죄악은 그저 세상에 완전한 선이 실현되는 과정에서 일시적으로 나타난 현상에 불과합니다. 그리고 우리는 악을 극복함으로써 진실로 선한 단계에 이를 수 있고요. 만약 세상에 처음부터 악이 아예 없었다면 우리는 '악을 극복하는 것의 가치'를 알지 못했을 테고, 그러면 진정한 선에 대해서도 제대로 이해하지 못했을 겁니다.

그렇다고 해서 인간이 아무런 적극성도 발휘하지 않고 가만히 숨만 쉬고 있어도 결국 완전한 상태에 이르게 된다는 건 아닙니다. 오히려 반대입니다. 신은 인간에게 타고난 본성, 능력을 부여했습니다. 특히 지적 능력, 창조성, 감정적인 능력, 의지력, 생산적인 능력 등을 부여했죠. 이런 타고난 능력을 최대한 잘 발휘하여 삶을 잘 이끌어갈 때 우리는 비로소 신이 뜻한 완전한 상태, 궁극의 행복으로 나아가게 됩니다. 비유를 들자면, 신은 우리에게 행복의 씨앗을 심어놓았습니다. 그 씨앗을 잘 가꿔 열매를 맺게 하는 데에는 우리의 의지와 노력이 꼭 필요한 거죠.

그렇다면 왜 신은 처음부터 우리에게 완벽한 의지력을 줘서 우리의 능력을 신의 뜻에 맞게 최대한 잘 펼치도록 만들지 않았냐고요? 그건 선한 의지의 가치를 보전하기 위해서였을 겁니다. 만약 모든 인간이 자동적으로 훌륭하게 살았다면, 훌륭함의 가치를 우리는 제대로 이해하지 못했을 겁니다. 훌륭하게 산다는 게 쉽지 않기 때문에 우리가 그것의 가치를 깨달을 수도 있는 거죠.

토마스 아퀴나스가 제시하는 자연법의 정의는 다음과 같습니다. "자연법은 이성적 피조물이 영원한 법에 참여하는 것에 다름 아니다." 여기서 '영원한 법'은 신이 이 세상을 창조한 원리를 뜻합니다. 즉, 세상 만물이 완전성을 향해 나아가도록 예정해놓은 원리를 뜻하죠. 그런데 이성이 없는 일반적인 다른 생명체는 이 원리를 결코 지적으로 이해할 수 없습니다. 오직 이성을 가진 존재, 아마 지구상에서는 인간만이 신의 영원한 법칙을 이해할 수 있겠죠. 그리고 우리가 일상 속에서 어떻게 살아야 신의 원리에 합치하는 방향으로 나아갈지 나름대로 판단을 내릴 수 있습니다. 그렇게 해서 발견하게 되는 법칙이 바로 자연법입니다.

토마스 아퀴나스가 생각하는 가장 기초적인 자연법은 '좋은 것을 추구하고 나쁜 것은 피해야 한다'는 겁니다. 이건 그의 사상 체계 안에서 생각해보면 아주 자명한 원리입니다. 완전성의 방향으로 나아가는 것이 곧 좋은 것이고, 불완전성으로 나아가는 게 곧 나쁜 거니까요. 당연히 인간은 좋은 것을 좇고 나쁜 것은 피해야 합니다.

이런 이야기를 듣고 나면 힘이 빠지는 분도 있을 겁니다. '이런 당연한 소리를 뭐 이렇게 공들여서 하고 있나' 싶을 수 있죠. 하지만 지구상에서 오직 인간만이 이런 단순한 원리를 '발견' 혹은 '이해'할 수 있다는 걸 생각해보면, 이 단순한 법칙은 결코 그저 아무것도 아닌 게 아닙니다. 이 세상에 신의 뜻이라는 게 있고 우리가 그걸 따라서 살아야 한다는 생각, 좋은 것과 나쁜 것은 서로 구별된다는 생각, 그리고 우리는 좋은 것을 추구해야 한다는 생각을 할 수 있다는 것 자체가 인간에게 부여된 아주 특별한 운명인 거죠.

토마스 아퀴나스는 단순히 '좋은 것' 이외에도 우리가 자연법적으로 추구해야 할 것을 몇 가지 제시했습니다. 생명, 지식, 사회, 아이를 낳아 기르는 것, 이성적인 행동 등을 말했죠. 그는 이성을 가진 존재라면 누구나 이런 것들을 우리가 마땅히 보호하고 추구해야 한다는 걸 직관적으로 알 수 있다고 생각했습니다.

토마스 아퀴나스 이후로 우리가 일상에서 받아들이는 사회의 법은 자연법에 기초해야 한다는 사상을 펼치는 사람들이 많이 등장했습니다. 법을 특정 세력의 이익을 위해 만들면 안 되고, 자연법에 기초해 이 세상 전체가 완전성과 행복으로 나아가는 데 기여하는 방향으로 만들어야 한다는 거죠. 그리고 이런 사상적 흐름은 지금 우리 삶과도 결코 무관하지 않습니다. 예를 들어서, 현대의 법에서 보장되는 '개인의 권리'는 자연법 사상과의 밀접한 연관 속에서 발전했습니다. 인간의 권리는 왕이나 귀족처럼 특권을 가진 사람이 '부여해줘서' 존재하는 게 아니라, 그런 인간의 활동과 별개로 자연적으로 이미 존재한다는 사상과 관련이 있는 거죠. 노예제가 당연시되던 사회에서 개인의 권리는 주인이 허용해야만 존재하는 것이었습니다. 하지만 자연법 사상의 영향이 커진 이후로 인간 주인보다 더 높은 주인, 즉 신이 우리에게 절대적인 권리를 줬다고 바라보는 움직임이 생겨난 거죠.

3장

내가 나인가? 너는 너인가?

. . .

나는 인생의 주인공일까요, 아니면 운명에 따라,
혹은 사회적 명령에 따라 작동하는 기계일까요?
사실 모두가 나의 모습입니다. 어떻게 바라보느냐에
따라 나는 세상의 중심이 되기도 하고, 눈에 띄지
않는 흔한 점이 되기도 합니다. 우리는 독자적 개인인
동시에 이웃과 함께 살아가는 사회 구성원이기도 하죠.
서로 다른 여러 가지 생각 사이에서 철학은 다양한
가능성을 탐색합니다.

항상 의심할 것

데카르트

코기토

코기토cogito는 본래 '나는 생각한다'라는 뜻의 라틴어 문장입니다. 많은 유럽 언어에서는 주어에 따라 동사의 형태가 달라지는데요. 예를 들어 스페인어로 '먹다'라는 뜻의 'comer'는 '나'가 주어일 경우 'como', '너'가 주어일 경우에는 'comes'가 됩니다. 이렇게 주어에 따라 동사 형태가 달라지다 보니, 굳이 주어를 쓰지 않고 생략하는 경우도 흔합니다. 그래서 코기토 또한 하나의 단어처럼 보이지만, '나는 생각한다'를 뜻하는 문장인 거죠.

그런데 이 문장이 철학에서는 하나의 고유명사처럼 쓰입니다. 왜냐하면 여기에 담긴 뜻이 너무 강렬해서, 많은 철학자가 그걸 상징적으로 나타내길 원하거든요. 코기토는 흔히 '자아의 생각'을 뜻하는 대명사처럼 사용됩니다.

코기토 에르고 숨cogito ergo sum, 즉 '나는 생각한다, 고로 존재한다'라는 표현 많이 들어보셨을 겁니다. 철학자 르네 데카르트René Descartes의 말이죠. 데카르트는 나이가 들면서 점차 자신의 모든 지식을 확신할 수 없다는 생각을 하게 됩니다. 거기에는 크게 두 가지 이유가 있었습니다.

첫째는 나라마다, 문화권마다 사람들의 인식이 모두 다르다는 겁니다. 데카르트는 여행을 다니면서 자신이 어려서부터 교육받고 확고하게 믿어온 지식이 외국에서는 전혀 통용되지 않는 경우가 많다는 걸 알게 됐습니다. 그러면서 학교에서 배운 지식이 어쩌면 다 거짓일지도 모른다고 의심하게 되죠.

둘째로, 감각적 경험이 겉보기에는 참된 지식을 가져다주는 것 같지만 실은 거짓된 인식으로 우리를 이끄는 경우가 많다는 겁니다. 예를 들어 멀리 떨어져 있는 물체가 작게 보이기 때문에 크기를 착각하는 경우가 있죠. 이런 이유로 데카르트는 자신이 가진 지식을 모조리 의심해봐야겠다는 결심을 하게 됩니다.

그는 처음에 감각적 지식을 의심했습니다. 그리곤 감각적 지식이 진짜로 100퍼센트 확실한지 알 수 있는 방법 같은 건 없다고 결론 내렸죠. 하지만 수학을 좋아했던 데카르트는 수학적 지식만큼은 정말 무결하게 확실한 게 아닐까 하는 희망을 품습니다. 하지만 이 희망도 곧 좌절됐습니다. 왜냐하면 만약 인간보다 강력한 사악한 존재가 우리를 교묘하게 속이고 있다면, '2+2=4'처럼 자명한 지식조차 거짓일 수가 있으니까요. 어쩌면 사실 '2+2=5'인데 어떤 악령이 우리가 잘못된 믿음을 갖게끔 속이고 있는 걸지도 모릅니다. 이 사고실험의 현대적 버전이 '통 속의 뇌' 가설이죠. 만약 사악한 과학자가 우리의 뇌만 빼서 통 속에 넣고 각종 자극을 제공해서 환상을 만들어내고 있다면, 우리는 속절없이 속아 그 환상을 현실로 믿고 살아갈 겁니다.

결국 모든 지식은 믿을 수 없는 것인가 하고 좌절하던 때에, 데카르트는 마지막 희망을 발견합니다. 바로 '지금 이렇게 모든 지식을 의심하고 있는 내가 존재한다'는 것만큼은 의심의 여지 없이 진실이라는 겁니다. 만약 내가 존재하지 않는다면 생각을 할 수도 없을 테고, 그러면 나의 지식을 의심할 수도 없을 겁니다. 내가 지금 어떤 속임수에 당하고 있건, 어떤 환상에 빠져 있건, 어쨌든 내가 존재하기 때문에 그렇게 속을 수도 있는 거죠. 또 내가 존재하기 때문에 속임수를 의심할 수도 있는 거고요. 이렇게 데카르트는 '내가 생각하고 있다는 사실'이야말로 확실한 진리 하나를 최종적으로 담보하는 증거라고 결론 내립니다.

데카르트의 결론에 영감을 받아, 철학자들은 종종 도저히 의심할 수 없는 확고부동한 지식의 존재, 그리고 그 지식에 이르는 과정에서 자아의 사고 활동이 갖는 핵심적인 역할에 관해 말하는 맥락에서 코기토라는 표현을 명사로 사용합니다. 자아의 생각을 확실한 지식의 출발점으로 삼았다는 건 철학사적 맥락에서 아주 중요한 부분입니다. 데카르트 이전의 철학에서는 인간 스스로의 생각보다는 오히려 인간보다 더 높은 차원에 의지하여 진리를 구해야 한다고 생각하는 경우가 흔했습니다. 이를테면 신의 은총을 바라는 식으로 진리에 이르려 한 거죠. 그런데 데카르트는 온전히 인간 자아의 생각을 통해 자신의 존재에 대한 완전히 명증한 판단에 이를 수 있다고 본 겁니다. 사소해 보이지만, 이는 엄청난 사고의 전환이었습니다. 심지어 가톨릭교회는 데카르트 철학이 무신론적이라는 이유로 한때 그의 저서를 금서로 지정하기도 했을 정도였죠.

현대철학에 이르러서는 코기토를 비판적인 맥락에서 언급하는 사람도 많아졌습니다. 그간 사람들은 인간 존재에서 '생각'이나 '이성'이 가진 특권을 의심했기 때문입니다.

데카르트는 생각을 진리에 이르는 가장 확실한 통로로 여겼지만, 현대의 꽤 많은 철학자는 '육체'나 '감정' 같은 요소가 오히려 인간의 지식적인 삶에서 더 중요할 수도 있지 않겠냐는 의문을 제기했죠. 그리고 데카르트가 그토록 찾아 헤맨 '확실한 진리'의 존재를 부정하는 사람들도 많아졌고요. 이런 흐름 속에서 코기토를 긍정적으로 바라보는 사람과 부정적으로 바라보는 사람이 나뉜 상태라고 볼 수 있습니다.

심신이원론

몸과 마음은 서로 따로따로일까요, 아니면 하나일까요? 현대인 중에는 정신이 뇌의 활동으로 인해 생겨난다고 믿는 사람들이 꽤 많습니다. 반면 영혼 같은 게 존재해서 몸을 통해 완전히 설명될 수 없는 정신의 현상을 만들어낸다고 믿는 사람도 여전히 많이 있죠. 이 둘 중 뭐가 진짜 옳은지 판단하는 건 아주 어려운 일입니다. 어쩌면 아무리 과학이 발전해도 해결되지 않을 문제일지도 모르죠.

'몸과 마음은 서로 따로따로'라고 보는 입장을 가리켜 심신이원론이라고 부릅니다. 그리고 이 입장의 대표주자로 데카르트가 있죠. 데카르트는 영혼이 몸과 별개로 존재하며, 뇌의 '송과선'이라는 부위를 통해 몸과 연결되어 있다고 주장했습니다. 과연 그 연결이 구체적으로 어떻게 이뤄지는 건지는 미스터리지만요. 어쨌든 그는 몸과 영혼이 서로 전혀 다른 기원과 특성을 가진 별도의 실체라고 생각했습니다.

데카르트의 이원론적 생각에 따르면, 몸의 모든 부분은 물리적인 인과법칙을 따르지만, 정신은 그렇지 않습니다. 예를 들어 몸은 자연법칙에 따라 나이가 들수록 쇠약해지고 무기에 해를 입으면 파괴되지만, 정신은 그렇지 않습니다. 정신은 물질적인 방식으로 피해를 입는다고 해서 파괴되는 것도 아니고, 물질적으로 극진하게 보살핀다고 해서 더 좋은 상태에 이르는 것도 아닙니다. 데카르트는 영혼은 육체와 상관없이 영원불멸하며, 육체가 없더라도 여전히 생각의 활동을 이어나갈 수 있다고 믿었습니다.

데카르트의 심신이원론은 종교적 믿음과 밀접하게 연결될 수밖에 없는 걸로 보입니다. 몸과 별개로 비물질적으로 존재하는 영혼이 있다는 주장은 현대인의 입장에서 다분히 종교적으로 들립니다. 몸과 동떨어진 영혼의 존재를 우리는 결코 과학적인 방법을 통해 경험할 수 없고, 따라서 증거 없는 '믿음'의 영역으로 넘어갈 수밖에 없으니까요.

이런 문제가 있기 때문에, 몇몇 현대인들은 데카르트의 입장보다 좀 더 합리적으로 보이는 심신이원론을 주장하기도 했습니다. 예를 들어 '발생적 이원론'이라고 불리는 입장이 있는데요. 이에 따르면 정신은 인간이 생물학적 진화를 겪는 과정에서 생겨난 게 맞으나, 점점 발전하는 과정에서 어느 순간 몸으로부터 어떤 독자성을 갖추게 되는 특이점에 이르렀습니다. 즉, 정신은 몸이 진화하고 활동하는 과정에서 생겨나긴 했으나, 이제는 더 이상 생물학적 원리만으로는 완전히 설명할 수 없는 대상이 됐다는 거죠.

기계론

세계를 바라보는 데는 두 가지 전혀 다른 방식이 있습니다. 첫째는 세상이 누군가, 특히 신 같은 존재가 정해놓은 목적을 향해 나아간다고 보는 겁니다. 둘째는 그런 거대 목적 같은 건 없고, 세상의 모든 것은 물리적인 인과법칙에 따라 움직일 뿐이라고 보는 겁니다. 이 두 번째 관점을 기계론적 관점이라고 부릅니다.

기계론적 사고를 가장 먼저 제시한 사람 중 한 명이 데카르트입니다. 그는 몸과 마음이 서로 완전히 다른 실체라고 보는 이원론적 관점을 제시했는데요. 그는 정신이 가진 생각의 능력을 아주 중요시했고, 오직 감각을 넘어선 정신의 능력을 통해서만 가장 확실한 지식을 얻을 수 있다고 생각했습니다.

이렇게만 보면 데카르트는 감각과 물질의 영역은 완전히 도외시하고 추상적이고 이성적인 차원에만 집중했을 것 같은데요. 하지만 실제로는 전혀 그러지 않았습니다. 오히려 데카르트는 그가 가진 이원론적 관점 때문에 물질적인 세계를 설명하는 과학 분야에서 선구자 역할을 하게 됐습니다. 정신과 물질을 완전히 분리해서 생각하다 보니, 물질 세계에는 거기에만 통용되는 고유의 원리와 질서가 있다는 결론에 이르렀거든요.

세상에는 물리적인 원리로 비교적 쉽게 설명되는 게 있고 그렇지 않은 게 있습니다. 자동차 엔진의 원리나 배가 물에 뜨는 이유 같은 건 인류가 가진 물리학 법칙으로 쉽게 설명됩니다. 반면 선과 악의 존재 이유나 삶의 의미 같은 건 물리학 법칙을 안다고 해서 쉽게 답을 내릴 수 있는 게 아니죠. 한번 생각해보면, 순전히 '물질'로만 이뤄진 대상의 현상은 물리법칙으로 잘 설명되며, 우리가 흔히 '정신'이라고 부르는 게 개입되면 쉽게 설명이 안 되는 것 같습니다.

데카르트는 물질적 세계에 대해 논할 때 정신의 영역에나 어울릴 법한 논리를 끌어들이지 말고, 냉정한 수학적 원리로만 사고할 것을 주장했습니다. 그의 생각에 따르면 물질들은 물리적 영향 관계에 따라 움직이며 변화할 뿐이고, 그 운동은 결국 특정한 길이만큼의 시간 안에서 특정한 공간적 거리로 나타납니다. 물질세계의 모든 것은 양적으로 측정할 수 있습니다. 수학적으로 나타낼 수 있다는 거죠. 이런 이유로 기계론적 사고방식에서 수학은 가장 중요하고 보편적인 언어가 됩니다. 기계론적 관점이 널리 퍼지게 되면서, 근대 서구사회에서는 수학적 측정과 계산을 무기로 한 정밀과학이 크게 발전합니다. 지금도 우리가 배우는 과학은 수학 공식으로 가득 차 있죠.

기계론적 관점을 순전히 물질세계에만 적용하는 사람들도 있지만, 더 나아가 인간과 관련한 모든 현상도 기계적 인과관계를 통해 설명하려는 사람들도 있습니다. 사실 지금 우리가 아는 대부분 사회과학 분야는 기계론적 관점을 아주 약간씩은 받아들이고 있다고도 볼 수 있죠. 사회현상을 설명하는 데 있어서 수치적 계산을 가장 중요시하는 사람들은 어느 정도 기계론적 관점을 물려받은 거라고 말할 수 있습니다. 물론 사회현상을 마치 물리학이라도 되는 것처럼 아주 정밀한 물리적 인과관계를 통해 설명하려고 하는 사람은 많지 않습니다. 그러기에 인간 사회는 너무 복잡하고, 경제, 정치, 심리 분야 등의 '인간적'이고 '정신적'인 용어를 활용해 설명하는 게 더 효과적이라고 느껴지니까요. 하지만 어려워서 그렇지, 최종적으로 추적하다보면 결국 인간 사회도 물리적 인과관계로 설명할 수 있다고 믿는 사람들도 있습니다.

○

함께 살기 위해

홉스, 로크

사회계약론

우리는 사회 안에서 살아갑니다. 사회란 도대체 왜 존재하며, 또한 사회가 존재해야 할 이유는 무엇일까요? 이런 질문에 나름대로 답을 제시하는 철학 이론으로 사회계약론이 있습니다.

사회계약론의 기초적인 아이디어를 이해하는 건 어렵지 않습니다. 말 그대로 각 개인이 계약을 통해 사회를 이뤘다고 보는 겁니다. 사회계약론의 선구자인 철학자 토머스 홉스Thomas Hobbes의 주장에 따르면, 머나먼 옛적에 사회가 존재하지 않던 '자연 상태'에서 인간은 순전히 각 개인의 힘과 양심에 의존했을 겁니다. 사회적인 규율이 없었을 테니까요. 그런데 문제는 사람들의 욕망에 비해 자원은 한

정돼 있으며, 남의 것을 빼앗아 자신의 욕망을 충족하려는 사람이 꼭 생긴다는 겁니다. 그런 상태에서 사람들은 자신의 생명, 물건, 가족을 지키기 위해 항상 공포에 떨며 고군분투했을 겁니다. 홉스가 "만인에 대한 만인의 투쟁" 상태로 요약하는 암울한 상황이죠. 홉스는 자연 상태에서 인간은 상호 신뢰를 바탕으로 한 사회적 인프라를 누릴 수 없다 보니 외롭고, 야만적이고, 가난하고, 더러운 삶을 살 수밖에 없었을 거라고 주장합니다. 우리가 지금 음식을 먹고, 여가를 즐기고, 병을 치료받는 등 행복을 위한 모든 활동에는 사회적 신뢰와 인프라가 필요합니다. 모든 사람이 각자도생하는 자연적 상황에서는 이런 걸 하나도 누릴 수 없었겠죠.

그래서 아마 사람들은 '이렇게 계속 불안하게 사는 것보다는 사회를 이뤄 사는 게 더 낫겠다'는 판단을 내렸을 겁니다. 그리곤 공통의 법을 지키며 살자고 합의를 봤을 것이며, 법 집행 권력을 가진 국가가 생겨났을 겁니다. 이런 관점에 따르면 국가가 계약에 기초하고 있기 때문에 아주 특수한 상황이 아닌 이상 법에 어긋나는 행동을 선택해선 안 됩니다. 그건 합의를 파괴하는 일이니까요. 이게 사회계약론자들의 생각입니다.

그런데 사회계약론에는 한 가지 커다란 문제가 있습니다. 실제 인간의 역사에서 그런 계약의 순간이 있었는지가 아주 불분명하다는 겁니다. 지금 시대를 살아가는 우리 한 사람 한 사람은 분명 그런 계약을 한 적이 없습니다. 대부분은 태어나면서부터 부모의 나라에 속한 채 살아왔을 뿐이죠. '사회 안에서 사는 게 사회 없이 사는 것보다 더 나으니 우리의 헌법과 국가 체계를 존중하자'라는 합의를 맺는데에 우리가 직접 목소리를 낸 적이 전혀 없습니다. 그렇다면 우리의 먼 조상이 그런 합의를 맺었다는 걸까요? 그럴 가능성도 별로 없을 것 같습니다. 아마 국가는 부족을 이루며 살던 원시 인류 사회가 점차 발전하면서 생겨났을 겁니다. 그 과정에서 사람들을 모두 모아놓고 '앞으로 우리 법질서를 갖춘 국가를 만들래?'라고 물어보며 투표 같은 걸 한 적은 없을 거라는 겁니다.

홉스도 이 점을 잘 알고 있었던 것 같습니다. 그는 아마 실제의 국가가 대부분 무력에 의해 생겨났을 거라고 생각했습니다. 그렇다면 왜 사회계약에 대해서 말했던 걸까요? 홉스에게 사회계약은 일종의 사고실험에 가깝습니다. 실제로 과거 어느 순간 집단적인 계약이 일어났다는 게 아닙니다. 국가가 없었으면 얼마나 끔찍한 상황이었을지 생각

을 해보면, 이 사회는 이성을 가진 인간들이 '자연 상태를
벗어나자'는 계약을 맺고 생겨난 것으로 '간주'할 만하다는
거죠. 국가가 존재하는 합당한 이유가 있으니 우리는 마치
자발적으로 국가의 존재에 동의한 것처럼 행동해야 한다
는 겁니다. 쉽게 말해, 자의적으로 국가의 법을 어기는 사
람은 야만적인 자연 상태로 돌아가도 상관없다고 생각하
는 비이성적인 사람과 다름없다는 거죠.

　흔히 홉스는 절대왕정을 옹호했다고 알려져 있습니다.
하지만 그것보다 훨씬 더 중요한 건 그가 국가 권력이 한
점으로 집중돼야만 한다고 봤다는 겁니다. 서로가 서로를
불신하는 암울한 자연 상태를 극복하기 위해서는 개인이
다른 사람에게 폭력을 행사하거나 사기를 치지 못하도록
강제적으로 통제할 힘이 필요합니다. 평화적으로 서로 계
약을 하는 것만으론 부족합니다. 경찰, 군인, 입법체계, 사
법체계 같은 권력 기관이 있어야만 합니다. 확실한 강제력
으로 사람들을 통제해야만 사회의 평화로운 질서가 유지
될 수 있죠. 홉스는 왕에게 모든 권력이 집중된 절대왕정
체제가 질서를 효과적으로 수호할 수 있을 거라 믿었을 뿐
입니다. 이를 두고 학자들은 홉스는 왕권신수설에 입각한
절대왕정이 아닌, 사회계약론에 입각한 왕권신수설을 옹

호했다고 평가합니다.

끝으로, 모든 사회계약론자들이 홉스처럼 '자연 상태'의 사람들이 암울하게 살아갔을 거라고 생각한 건 아니었습니다. 로크나 루소 같은 철학자들은 홉스와 비슷하게 사회가 상호 합의에 기초한다고 보기는 했으나, 자연 상태의 사람들이 꼭 어마어마하게 야만적이고 불행할 거라고 생각하지는 않았습니다. 로크는 자연 상태의 인간도 나름의 자유를 누리며 살아갔으나 이따금씩 발생하는 폭력 사태나 갈등을 예방하고 해결하기 위해 결국 국가가 필요해졌을 거라고 봤습니다. 루소는 자연 상태의 인간은 본래 소규모 공동체를 이루며 평화롭게 살아갔으나 인구가 늘면서 여러 갈등이 생겨났고, 결국 문제 해결을 위해 권력을 가진 국가를 형성하게 됐다고 봤죠.

자유주의

철학자들이 뽑은 역사상 중요한 철학자 순위에서 대중적인 인기에 비해 항상 높은 순위를 차지하는 사람이 있습니다. 바로 근대 영국의 철학자 로크John Locke입니다. 로크의 사상이 중요한 평가를 받는 이유 하나는 자유주의에 끼친 영향입니다. 흔히 우리는 현대 민주주의 정치의 양 축이 자유와 평등이라고 생각합니다. 이 중 자유를 좀 더 중시하는 쪽은 보수라 불리고, 평등을 좀 더 중시하는 쪽은 진보라 불리죠. 이런 관점에서 보자면 보수주의와 자유주의는 큰 관련을 맺고 있는데요. 이런 자유주의의 시발점이라고 평가받는 사람이 바로 로크입니다. 즉, 로크는 지금 우리가 발 담그고 살아가는 민주주의 세계가 발달하는 과정에서 결정적인 영향력을 발휘한 사람입니다.

로크의 정치사상의 핵심은 모든 인간이 '사유재산을 만들 자유를 가졌다'고 보는 데에 있습니다. 그의 생각에 따르면, 인간은 각자 자신이 가진 능력을 발휘해 노동하면서 자연을 개간할 자유가 있습니다. 그리고 자신이 일해서 얻은 산물을 자신의 소유물로 삼을 자유가 있죠. 자연 그 자체는 아직 아무에게도 속하지 않은 상태입니다. 아직 점령되지 않은 빈 땅은 아무에게도 속하지 않은 상태죠. 그런데 거기에 누군가 가서 새롭게 울타리를 치고 땅을 관리한다면, 그 사람은 그 땅을 자신의 소유물로 간주할 수 있습니다. 그 안에서 노동을 통해 만들어낸 생산물 또한 자신의 것으로 삼을 수 있죠.

로크는 사유재산 권리를 정당화하기 위해 도덕적인 근

거를 댑니다. 그의 논리에 따르면, 인간의 노동이 개입하지 않은 자연은 생산성이 낮습니다. 물론 자연 그대로의 숲이나 들판에서도 열매가 열리고 동물이 자랍니다. 하지만 똑같은 크기의 땅을 인간이 관리해서 과수원이나 목장으로 만들면 훨씬 더 많은 생산물을 얻으며 삶을 풍요롭게 만들 수 있죠. 따라서 노동을 통해 자연을 개간하고 소유물로 삼는 건 단순한 욕심 이상입니다. 세상을 더 풍요롭게 만드는 데 기여하는 좋은 일입니다. 다르게 말하면 신의 뜻을 펼치는 일이기도 하죠. 인간은 세상의 풍요에 기여한 만큼 그 산물을 자신의 것으로 삼을 권리가 있습니다.

로크가 사유재산에 도덕적인 근거를 부여한 만큼, 그는 인간이 자신의 소유물을 낭비할 권리는 없다고 봤습니다. 예를 들어 자신이 다 사용하지도 못할 만큼의 땅에 울타리를 쳐놓고 많은 부분을 개간하지 않고 놔둔다면, 그는 그 땅에 대한 정당한 소유권이 없다고 봐야 합니다. 자신이 다 먹지도 못할 만큼의 과일을 쌓아놓는다면 그 소유권 또한 정당하다고 볼 수 없죠.

그런데 인간은 생산물을 썩게 내버려두지 않고 영구적으로 저장할 수 있는 수단을 만들어냈습니다. 바로 '돈'입니다. 집에 사과를 100박스 쌓아놓으면 썩어서 쓸모없어지겠지만, 그걸 팔아서 돈으로 바꾸면 영구적으로 가치를 저장할 수 있습니다. 이렇게 로크는 금전적인 재산에 대한 개인의 권리를 정당화합니다. 노동을 통해 돈을 얻었다면 언제나 정당하게 자신의 소유물로 간주할 수 있다는 거죠. 돈이 얼마나 많든 상관없어요.

고전적 자유주의 사상에서는 바로 이 사유재산에 대한 개인의 절대적인 권리가 핵심을 이룹니다. 흔히 우리는 '자유' 하면 내가 하고 싶은 대로 행동하는 권리를 떠올립니다. 남에게 피해를 끼치지 않는 이상 뭘 해도 괜찮다는 거죠. 그런데 과연 어떤 행동이 정치적인 영역에서 자유의 중요한 쟁점이 됐을지를 한번 생각해보죠. 솔직히 말해 우리가 코를 파든, 과식을 하든, 춤을 추든 그게 정치적으로 딱히 중요한 의미를 갖지는 않습니다. 그런 행동을 자유롭게 해달라고 투쟁할 이유도 별로 없죠. 그걸 억압하는 정부도 극히 드뭅니다.

그렇다면 무엇이 중요했을까요? 역사적으로 근대 서구 사회의 자유사상에서 가장 중요한 쟁점이 됐던 건 결국 재산입니다. 로크가 활동했던 17세기에는 무역과 상업의 발달로 부르주아 계층이 많은 부를 쌓았습니다. 그러면서 왕족 같은 전통 권력층과 갈등을 빚었죠. 자본주의가 당연한 사회에서 살아가고 있는 지금 우리에겐 내 돈을 내 맘대로 쓰는 게 당연해 보이지만, 사실 자본주의가 발달하지 않았던 과거 사회에서는 돈보다 정치적 권력이 더 강력할 때도 많았습니다. 왕이 권력을 충분히 갖고 있으면 사람들의 재산을 마음대로 주무르는 게 가능했죠.

그런데 로크는 당시 부르주아 세력과 친밀한 관계를 맺고 있었습니다. 그래서 그는 시민 계층이 자신의 재산을 어떻게 관리하고 사용할지를 스스로 자유롭게 결정할 수 있어야 한다는 사상을 펼쳤죠. 그리고 이런 그의 노력이 자유주의 사상의 출발점이 됩니다. 즉, 자유주의는 부유한 사람들이 자신의 권리를 주장하는 과정에서 출발했습니다.

바로 이 부분에서 오늘날 우리가 자유라는 개념을 접하며 겪는 혼란이 생겨납니다. 요즘 보수주의자들과 진보주의자들이 각자 자신들을 자유의 수호자처럼 여기는 현상을 많이 볼 수 있습니다. 보수주의자들이 말하는 자유는 주로 경제적 자유나 표현의 자유입니다. 정부가 사람들의 경제활동에 최소한으로만 간섭해야 하며, 우리가 의사소통할 때 어떤 생각이든 표현할 수 있어야 한다는 거죠. 반면 진보주의자들이 말하는 자유는 주로 전통적 혹은 가부장적 위계질서로부터 벗어나는 걸 뜻합니다. 성차별적인 사회구조나 종교적인 규율 같은 것을 철폐해서 사람들이 더 수평적으로, 억압 없이 살 수 있도록 해야 한다는 겁니다.

로크가 발전시킨 자유주의의 이념에서는 보수주의자들이 말하는 경제적 자유가 핵심을 이룹니다. 그렇기 때문에 진보주의자들이 보기에는 '이게 무슨 자유냐? 그냥 기득권의 권리만 옹호하는 거 아니냐?'라고 보일 수도 있죠. 실제로 로크는 여성이나 하인의 자유에는 상대적으로 무감한 모습을 보였습니다. 재산이 있는 시민 남성의 자유를 중심에 놓고 사고한 겁니다.

이런 커다란 한계에도 불구하고 로크의 자유주의 사상은 아주 큰 의미를 갖습니다. 왜냐하면 자본주의 사회에서 현실적으로 돈은 무척 중요하며, 돈을 내가 원하는 대로 사용할 자유는 실질적으로 현대인의 삶에서 너무나 중요한 문제이기 때문입니다.

만물 속의 신

스피노자

실체

실체는 일상에서 많이 사용되는 말입니다. "그 회사는 실체가 없어" "그 사람이 드디어 실체를 드러냈어"라고 말할 때, 실체는 '실질적인 의미를 갖는 진짜 대상'을 의미합니다.

철학에서도 실체는 셀 수 없이 많이 사용되는데요. 그 의미는 일상에서의 의미와 비슷합니다. 영어로는 'substance'라고 하는데, 'sub'은 '아래, 밑'이라는 뜻, 'stance'는 '서 있다'는 뜻을 갖습니다. 그래서 'substance'는 현상의 밑을 떠받치며 존립하는 무언가 실질적인 것을 뜻합니다. 이렇게 보면 실체는 '겉모습'과 대비되는 뉘앙스를 품습니다. 겉으로 드러난 모습 이면에 있는 훨씬 더 근원적이고 '진정한 의미에서 존재하는 것'이 바로 실체입니다.

이 아이디어에는 고대의 철학자 아리스토텔레스가 제시한 정의가 역사적으로 가장 큰 영향을 끼쳤습니다. 그는 실체란 오직 주어로만 쓰여서, 다른 서술어가 그것을 나타내기 위해 사용되는 거라고 주장했습니다. 즉, 서술어가 아닌 주어로만 쓰일 수 있는 게 실체라는 거죠. 예를 들어서, '개개의 인간' 같은 게 실체입니다. 철수라는 사람이 있다고 했을 때, '철수는 예의가 바르다' '철수는 똑똑하다' '그의 이름은 철수이다' 등 철수에 대해서 여러 서술을 할 수 있습니다. 그런데 그때 서술의 대상이 되는 개별적인 인간으로서의 철수가 존재하는데, 그것이 바로 아리스토텔레스가 생각하는 실체입니다. 여기서 '철수'라는 이름, '인간'이라는 종류, '똑똑하다'라는 형용사는 모두 그 기초적인 실체에 대해서 이야기하는 데 사용되는 표현들입니다.

아리스토텔레스의 생각을 이어받은 철학자들은 전통적으로 실체 개념에서 독자성을 가장 중요하게 생각했습니다. 다른 것에 의존하지 않고 스스로 존재하면서 오히려 다른 것들을 끌어안을 수 있는 기초적 배경이 되는 게 바로 실체인 거죠. 철수라는 실체가 '똑똑함'이라는 속성을 끌어안을 수 있는 밑바탕인 것처럼요. 철수가 없으면 똑똑함도 존재할 수가 없습니다. 물론 다른 누군가가 똑똑하면 똑똑함이 존재할 수 있겠지만, 이때도 역시 똑똑한 그 누군가가 실체로서 있어야만 합니다. 이런 의미에서 똑똑함이라는 속성은 실체에 의존적입니다. 반면 실체는 다른 것에 의존하지 않고 독자적으로 존립합니다.

하지만 이런 독자성에 기초한 실체 개념에는 커다란 문제점이 있습니다. 세계에 존재하는 모든 건 다 어떤 의미에서 다른 무언가에 의존하고 있는 것처럼 보인다는 겁니다. 예를 들어서, 철수는 철수의 부모님이 없었다면 존재할 수 없었을 겁니다. 또한 철수는 철수 몸을 이루고 있는 세포가 없이는 존재할 수 없습니다. 그리고 철수를 이루는 세포는 주변 환경에서 영양분을 흡수함으로써만 존재합니다.

이렇게 보면, 과연 철수가 정말 실체인지 의심이 들죠. 철수는 사실 철수를 이루고 있는 더 근원적인 실체들이 만들어낸 겉모습에 불과한 게 아닐까요? 또한 이렇게 계속 파고 들어가다 보면, 과연 이 세상에 진정한 실체란 존재할까요? 다른 무언가와 관계 맺지 않고 존재할 수 있는 건 아무것도 없는 것 같은데 말이죠.

근대 계몽주의 시대에 이르러 철학자 스피노자Baruch Spinoza는 이 의존성의 논리를 끝까지 밀어붙입니다. 그는 이 세상의 모든 건 다른 무언가에 의존적이기 때문에, 진정한 의미에서 실체가 아니라고 주장했습니다. 단, 예외가 딱 하나 있습니다. 곧 이 세상 전체입니다. 그는 그것을 '자연'이라고 불렀으며, 그것이 곧 신이라고 생각했습니다. 이 세상을 하나하나의 개별적인 요소들로 떨어뜨려서 생각하지 말고 전체가 하나라고 생각해보죠. 그러면 그 전체는 자신이 존재하기 위해서 그 어떤 다른 것도 필요로 하지 않습니다. 완전히 독자적인 주어이면서 모든 서술어의 기초가 되는 것. 이 자연이 바로 진정한 의미에서 실체입니다. 이런 관점에 따르면, 자연 전체(신) 이외의 모든 건 오직 파생적인 의미에서만 존재한다고 말할 수 있습니다.

범신론

범신론은 '이 세상의 모든 것이 다 신이다'라는 주장을 가리킵니다. 서양 철학자 중에서는 스피노자가 대표적으로 범신론을 주창한 사상가로 알려져 있는데요. 스피노자는 이 세상 전체가 하나의 실체라고 생각했습니다. 그리고 그것이 곧 신의 의미라고 생각했죠. 스피노자는 전통적인 유대교 및 기독교 사상과 매우 다른 관점에서 신을 바라봤습니다. 그는 신이 자연의 창조자라고 보지 않았습니다. 그보다 자연이 곧 신이며, 신이 곧 자연이라고 봤습니다. 우리가 아는 이 자연, 즉 세계 전체는 신과 따로 존재하며 신에 의해 파생적으로 창조된 게 아닙니다. 오히려 자연 스스로가 스스로의 원인이며, 모든 것의 근원이며, 신 그 자체입니다.

스피노자의 사상에서는 나도 신이고, 너도 신이고, 지나가는 고양이도 신이고, 바람에 나부끼는 풀도 신이고, 바람도 신입니다. 하지만 이것을 정령 사상 같은 것과 혼동해서는 안 됩니다. 정령 사상에서는 각 사물에 그 사물을 지키는 신적인 존재가 깃들어 있다고 봅니다. 반면 스피노자의 범신론에서는 이 세상의 모든 것이 하나의 유일한 신이 변형돼서 나타난 현상입니다.

범신론은 심각한 윤리적 문제와 연결되기도 합니다. 범신론적 생각에 따르면 모든 범죄자도, 악한 생각도, 몰상식한 행동도 다 신이 변형돼서 나타나는 겁니다. 그렇다면 그것을 어떻게 나쁘다고 말할 수 있을까요? 스피노자는 이에 대해 '악은 진정으로 존재하는 건 아니다'라는 식으로 주장합니다. 선이나 악은 인간의 입장에서 그렇게 보이는 현상일 뿐입니다. 자연 그 자체인 신의 입장에서 선과 악은 존재하지 않습니다.

그렇다고 해서 인간 입장에서 선과 악이 모두 완전히 무의미하다는 건 아닙니다. 우리는 어디까지나 인간으로서 살아갑니다. 스피노자의 범신론적 관점에 따르면 자연 전체는 신이며 우리 각자도 어떤 의미에서 신이지만, 그렇다고 해서 우리가 인간의 운명을 벗어나는 건 아닙니다. 인간 사회에는 나름대로 인간의 존재 방식에 맞게 선과 악에 대한 판단이 등장했습니다. 이성을 가진 인간은 무엇이 좋고 나쁜지를 합리적인 추론을 통해 판단할 수 있고, 좋은 방향을 따라 살려는 의지를 품을 수 있습니다. 이러한 인간에게 주어진 고유의 이성적 능력을 잘 활용하는 것 또한 신이 존재하는 방식입니다.

스피노자의 범신론 사상에서 선과 악은 인간적 관점에 따라 나타나는 것일 뿐이지만, 우리는 어디까지나 인간입니다. 따라서 도덕적 가치는 인간에게 유효합니다.

정동

2000년대 들어 철학계를 비롯한 인문, 사회계열에서는 '정동情動'이라는 단어를 쓰는 사람들이 등장하기 시작했습니다. 정동은 영어의 'affect'에 해당하는 단어를 번역한 것으로, '정념'이라고 번역되기도 합니다. 심리학적으로 감정, 기분, 심리적인 느낌을 총칭하는 단어인데, 철학에서도 비슷한 의미로 사용합니다.

정동 개념이 입에 많이 오르내리기 시작한 건 정동이론이라는 분야가 발전하면서였습니다. 일부 포스트모던 사상가들은 인간을 독자적이고 이성적인 개인이 아닌, 몸을 통해 주변 환경과 끊임없이 소통하며 영향을 주고받는 존재로 이해하려고 했습니다. 그 과정에서 정동 개념에 주목하게 됐죠. 명사로 'affect'는 정동을 가리키지만, 동사로는 '영향을 준다'는 뜻을 갖기도 합니다. 정동에 대해 생각할 때는 이 동사적 의미를 함께 생각하는 것이 중요합니다.

우리의 몸은 우리가 이성적으로 생각하기 이전부터 이미 환경 및 상황 속에 있으면서 주변의 영향을 감지하고 있습니다. 예를 들어 날씨가 따뜻해졌다고 머리로 깨닫기 전에 이미 몸이 포근함을 느끼며, 머리로는 기억하지 못하는 과거의 사건을 몸이 기억할 때도 있습니다. 그리고 이러한 몸의 반응은 내가 명확한 이유를 알기 어려운 감정이나 기분, 어렴풋한 느낌으로 발현되곤 합니다. 어느 날은 뭔가 기분이 좋고, 어느 날은 괜히 찌뿌둥하죠. 우리의 정동이 어떻게 작동하고 있느냐에 따라, 활력이 늘어나서 훌륭한 일을 성취하게 될 수도 있고, 에너지가 없어서 답보 상태에 빠질 수도 있습니다. 이렇게 보면, 정동은 인간 삶의 방향성을 결정하는 데 어쩌면 이성보다도 더 중대한 역할을 하는 걸지도 모릅니다.

그런데 흥미롭게도 현대에 정동 개념이 발전하는 과정에서 사람들은 스피노자의 철학에 큰 관심을 기울였습니다. 그 이유는 스피노자의 범신론 사상에서 정동이 중요한 역할을 맡기 때문입니다. 스피노자는 이 세상 전체가 하나의 실체이며, 그것이 곧 신이라고 생각했습니다. 그가 생각하는 신은 완전히 독자적입니다. 그 어떤 다른 것으로부터도 영향을 받지 않는다는 거죠.

그런데 이 독자성의 논리를 한번 반대 방향에서 생각해 봅시다. 세상의 모든 것은 신이라는 하나의 존재로 통합되어 있습니다. 그렇다면 신은 누구에게도 영향을 받지 않지만, 신이 변형되어 나타나는 현상인 각각의 사물과 생명체는 모두 하나의 신으로서, 서로 근본적으로 영향을 주고받는 관계에 있는 게 아닐까요? 이런 관점에서 보면 신의 독자성을 극단적으로 강조하는 범신론 사상이 오히려 이 세상의 구체적인 존재들 사이의 얽혀 있는 관계를 강조하는 방향으로 연결됩니다. 이런 점에서 스피노자는 그가 속했던 시대의 이성주의 전통과는 약간 다른 방식으로 인간을 바라봤습니다.

이성주의 전통에서는 각 개인이 독자적 정신을 가진 존재로서 이성적 판단력을 발휘한다고 봤습니다. '나'는 하나의 완결적인 영혼, 독립적인 마음을 가진 존재라는 거죠. 그런데 스피노자는 인간이 주변의 다른 대상에 의존적이라는 점을 강조하는 경향이 있었습니다. 그는 특히 인간의 몸이 항상 주변 환경과 영향을 주고받는다는 것에 주목했죠. 그리고 이런 몸의 영향 관계에 의해 좌우되는 게 바로 정동이라고 봤습니다.

우리가 주변 환경과 조화로울 때는 기분이 좋아집니다. 반면 주변 환경과 갈등을 겪으면 불쾌감이 들죠. 그리고 이러한 정동적 영향관계가 어떻게 작동하느냐에 따라 우리 정신의 활동성도 달라집니다. 즉, 현실 속의 이성은 결코 완전히 독자적이지 않으며 몸과 환경의 관계에 근본적인 영향을 받는다는 거죠.

물론 스피노자는 여전히 이성주의 전통 안에 있었습니다. 그가 정동에 대해서 이야기할 때도 결국 최종적으로 강조한 건, 이성에 도움이 되는 정동을 가지려 노력해야 한다는 것이었습니다. 부정적인 정동에 휩싸여 혼란을 겪지 말

고 건전한 정동 속에서 이성적 판단력을 잘 발휘해야 한다
는 거죠. 예를 들어, 증오심에 휩싸인 나머지 합리적 판단
을 못 하면 안 됩니다. 최대한 평정심이나 온화한 기분을
유지한 상태에서 이성의 능력을 극대화해야 합니다.

이런 이성주의적 면모와 별개로, 스피노자는 인간을 독
자적 존재가 아니라 몸의 차원에서 이미 주변 대상들과 관
계하고 있는 존재로 봤다는 점에서, 후대의 반反이성주의
사상가들에게 주목을 받기에 충분했습니다.

가능한 최선의 세계

라이프니츠

모나드

모나드monad는 단일성을 의미하는 그리스어 '모나스'에서 파생된 단어로, 고대부터 줄곧 사용해온 말입니다. 한국어로는 '단자'로 번역되는데, 그냥 모나드라고 일컫는 경우도 많습니다. 모노는 흔히 사용하는 말입니다. 궤도가 하나만 있는 철도를 모노레일이라 하고, 한 피스로 된 수영복을 모노키니라고 합니다. 이런 모노의 뜻에서 나온 모나드는, 더 이상 나눠질 수 없는, 하나로 이뤄진 실체를 뜻합니다.

모나드 개념은 17~18세기의 철학자 라이프니츠Gottfried Wilhelm Leibniz가 자기 철학의 중심적인 용어로 사용하면서 사람들의 주목을 받았습니다. 라이프니츠는 뉴턴과 같은 시기에 미적분을 발명한 사람으로, 수학, 과학, 철학 등 광

범위한 분야를 두루 탐구했던 엘리트 철학자였습니다. 그의 모나드 개념을 이해하기 위해서는 수학적 극한에 관한 약간의 상상력을 펼쳐야 합니다.

물질세계의 모든 것은 더 작은 부분으로 나눠질 수 있을 것 같습니다. 사람은 팔, 다리, 얼굴, 위장, 대장 등으로 나눌 수 있습니다. 다른 동물, 식물이나, 건물, 바위도 모두 부분으로 나눌 수 있다는 게 분명합니다. 심지어 모래알처럼 아무리 작은 사물이라고 해도, 아주 가는 칼을 이용한다면 부분으로 나누는 게 가능하겠죠. 모래알보다 더 작은 분자도, 그보다 더 작은 원자도, 만약 적합한 기술만 있다면 부분으로 나눌 수 있습니다. 이렇게 계속해서 더 작은 사물을 추적하다 보면 결국 우주를 이루는 가장 작은 입자를 상상하게 되죠. 라이프니츠의 시대에는 원자가 그런 기본 입자로 여겨졌습니다. 요즘에는 쿼크를 이야기하지만요.

하지만 아무리 쿼크처럼 눈에 보이지도 않는 작은 입자라고 해도, 어쨌든 그것은 일정 공간을 차지하고 있을 겁니다. 공간을 차지하고 있지 않다면 물리적으로 존재하는 대상이라고 부를 수가 없으니까요. 그렇다면 쿼크를 실질적으로 물리적인 방법을 통해서는 더 이상 나눌 수 없더라도, 수학적인 공간상에서는 부분으로 나눠서 파악할 수 있습니다. 그것도 무한히 나눌 수 있죠. 즉, 우리가 아는 이 세상에서 가장 작은 물질도 원리적으로 무한히 나눠질 수 있습니다.

라이프니츠는 어떤 대상이 진정한 의미에서 '실제로' 존재하려면, 실제로 존재하는 부분들에 기초하고 있어야 한다고 생각했습니다. 예를 들어 경복궁이 실제로 존재한다고 말하려면, 그것은 실제로 존재하는 돌과 나무로 이뤄져 있어야 합니다. 만약 경복궁처럼 보이는 궁궐이 사실 누군가가 프로젝터로 쏜 빛에 의해 이뤄져 있다면, 그건 어떤 의미에선 환상에 불과하죠. 그런데 문제는 우주의 모든 물질은 수학적으로 무한히 나눠질 수 있다는 겁니다. 아무리 물질의 작은 부분을 상상해도, 그 부분은 그 자체로 존재하는 게 아니라 그것보다 더 작은 부분들의 합으로 이뤄져 있습니다. 이런 분해의 과정은 무한히 반복될 수 있으며, 물질은 마치 점점 희미하게 사라져가는 모래알 같은 것으로 이뤄져 있다고 볼 수 있습니다. 그렇다면 과연 물질이 실제로 존재하는 거라고 말할 수 있을까요? 라이프니츠는 그렇지 않다고 생각했습니다. 그는 모든 물질은 근본적인 실체가 없는 허상 같은 것에 기초한다고 봤습니다.

라이프니츠가 생각하기에 실제로 존재하는 것은 더 이

상 부분으로 나눠질 수 없는 것들입니다. 자신 자체로 존재하면서 무한 분해에 면역된 것이죠. 이게 바로 모나드입니다. 모나드는 시공간적으로 분해될 수 없는 물질 이상의 것이어야만 합니다. 대표적으로 인간의 정신이 모나드에 해당합니다. 라이프니츠는 정신이 부분으로 나눠질 수 없다고 생각했습니다. 나의 밝은 면은 왼쪽에, 어두운 면은 오른쪽에, 욕망은 아래쪽에, 이성은 위쪽에 있는 게 아니라는 거죠. 정신은 그 자체로 하나를 이루고 있습니다.

라이프니츠는 가장 완전하고 가장 높은 단계의 모나드는 '신'이라고 봤습니다. 그리고 인간보다 더 낮은 단계에 동물, 식물 등의 의식이 있다고 생각했죠. 그리고 그것보다 더 낮은 단계에는 의식은 없지만 어떤 의미에서는 정신이라고 말할 수 있을 법한 모나드도 있습니다. 예를 들어 우리는 꿈을 꾸지 않는 아주 깊은 잠에 빠질 때가 있습니다. 그럴 때 우리는 분명히 정신적으로 존재하고 있지만, 그 어떤 의식도 없는 암흑상태에 빠져 있죠. 라이프니츠는 이런 상태에 머무르는 모나드도 있다고 생각했습니다. 만약 바위나 흙의 모나드 같은 게 존재한다면 이렇게 아무런 의식이 없는 채로 머물러 있겠죠.

라이프니츠의 주장에 따르면, 각 모나드는 그 자체로 하나의 완결적인 실체이기에 다른 모나드에 의해 영향을 받아 변화할 수도 없고 파괴될 수도 없습니다. 어떤 대상이 외부의 영향을 받아 변화한다는 건 그 대상을 이루고 있는 부분들의 배열이 변화한다는 겁니다. 철사가 구부러진다는 건 철사를 이루고 있는 입자들의 배열이 변하는 거죠. 그런데 모나드에는 부분이 없기 때문에 이런 변화가 일어날 수 없습니다.

그렇다면 의문이 듭니다. 우리의 마음에서는 매일 기분과 욕망과 생각의 변화가 일어나는데, 이런 변화는 도대체 무엇이란 말인가요?

라이프니츠는 그런 다양성 자체가 이미 총체로서의 우리 정신에 해당하는 것이라고 생각했습니다. 즉, 다양한 현상이 정신의 변화로 보이는 건 그저 우리의 착각일 뿐이고, 이미 다양성은 하나로 통일된 전체를 이루고 있다는 거죠.

그렇다면 한 가지 의문이 더 듭니다. 실제 세계에서는 여러 모나드가 서로 영향을 주고받는 것처럼 보이는 일이 매일 일어납니다. 타인에게 모욕을 당하면 화가 나고, 귀여운 동물을 보면 기분이 좋아집니다. 모나드가 다른 모나드로부터 그 어떤 영향도 받을 수 없다면 어떻게 여러 모나드가 맞물려서 상호작용하는 것처럼 보이는 게 가능한 걸까요?

이에 대해 라이프니츠는 모든 모나드의 활동은 이미 신의 완전한 이성에 따라 계획돼 있으며 그것들이 상호작용하는 것처럼 보이는 건 그저 우리의 해석에 불과하다고 주장했습니다. 한마디로, 모나드들은 진정한 의미에서 서로 영향을 끼치는 게 아닙니다. 그저 각각 신의 계획에 따라 움직이며 한 자리에 있을 뿐입니다.

제가 산책길에 귀여운 강아지를 보고 기분이 좋아졌다고 해보죠. 그러면 일반적으로는 강아지가 원인이 되어 저의 기분이 좋아졌다고 여깁니다. 하지만 라이프니츠의 해석은, 이미 신은 그때 제가 기분이 좋아지기를, 그리고 강아지가 그곳을 지나가기를 계획해놨다는 겁니다. 그걸 보면서 우리가 원인과 결과의 관계를 상상할 뿐이고요.

이렇게 모나드들의 활동이 이미 예정돼 있으며 그 계획에 따라 여러 모나드들이 서로 맞물려 이 세계의 일들이 진행된다는 라이프니츠의 견해를 가리켜 '예정조화론'이라고 부릅니다.

얼핏 보면 라이프니츠의 모나드론은 터무니없는 생각 같습니다. 하지만 라이프니츠의 철학은 수학과 과학이 발전하는 과정에서 나타날 수 있는 허무주의적 사상에 대항하는 중요한 의미를 갖습니다. 수학적인 무한 분해의 가능성과 기계적 인과관계를 계속 생각하다 보면, 이 세상의 모든 것에 그 어떤 기초나 의미도 없다는 허무주의로 이어질 여지가 많습니다. 라이프니츠의 모나드론은 이에 반합니다. 그는 정신만큼은 더 이상 나눠질 수 없는 실체라고 봤습니다. 인간적 가치와 의미의 기초를 처절하게 지키려 한 거죠.

또한 라이프니츠의 모나드론은 개인의 정신이 가진 독자성을 강조한다는 점에서, 현대적 개인주의 사상의 발전에 중요한 영향을 끼치기도 했습니다. 전통 사회에서는 인간 사이에 의존을 전제하는 인식이 흔했습니다. 예를 들어서 노예는 주인에게, 농민은 영주에게 의존적인 존재로 여겨졌습니다. 이에 반해 라이프니츠는 그 어떤 개인의 정신도 다른 사람의 정신에 본질적으로 의존적이지 않다는 아이디어를 제시했던 겁니다. 모나드론은 결국 개인의 평등을 주장하는 사상과도 연결돼 있습니다.

가능세계

가능세계는 논리학에서 필연성을 정의할 때 언급되곤 합니다. 어떤 명제가 논리적으로 필연적이라는 건, 모든 가능한 세계에서 그 명제가 모두 참이라는 것을 뜻합니다. 다른 말로, 그 명제가 거짓이 되는 어떤 세계도 상상할 수가 없으며, 그런 세계는 도저히 불가능하다는 겁니다. 이러한 가능세계 개념을 사용하기 시작한 철학자는 라이프니츠였습니다.

우리가 일상에서 사용하는 가능성의 의미는 크게 두 가지입니다. 첫째는 누군가가 무언가를 실현할 수 있는 힘이 있거나, 어떤 일이 실제로 이 세상에서 일어날 수 있는 것을 가리킵니다. "오늘 저녁에 나랑 만나는 거 가능해?"라고 물을 때, 상대방이 오늘 저녁에 실제로 시간을 내서 나와 만날 수 있는지를 묻는 것이죠. "인류가 언젠가 멸망하는 것은 가능하다"라고 말할 때는, 실제로 인간이 모두 이 세상에서 사라지는 일이 일어날 수도 있다는 걸 뜻합니다.

가능성의 둘째 의미는 논리적으로 모순되지 않는 걸 가리킵니다. 예를 들어 "지금 이 순간 지구 어딘가에서 나와 똑같이 생긴 인간이 살아가고 있는 게 가능하다"고 말할 때, 실제로 그런 일이 지금 지구에서 일어나고 있을 여지가 있다는 걸 뜻하는 건 아닙니다. 그저 그런 일이 일어나는 것도 논리적으로 모순적이지는 않아서 충분히 머릿속으로 상상할 수는 있다는 걸 뜻하죠. 우리는 논리적으로 모순적인 것을 아예 제대로 상상할 수 없습니다. '결혼하지 않은 유부남' 같은 건 아예 논리적으로 모순됩니다. 유부남이라는 단어의 뜻이 결혼한 남자이니까요. 물론 언어를 사용하다 보면 비유나 유머 등 다양한 맥락에서 모순적 표현을 사용할 수는 있습니다. 하지만 그게 실제 유의미하게 특정현상을 가리키는 건 아니죠.

라이프니츠가 말한 가능세계는 두 번째 의미의 가능성과 이어집니다. 우리는 논리적으로 모순되지 않는 한 그 어떤 일이 일어나는 세계도 상상할 수 있습니다. 어떤 세계에서는 머리가 여섯 개 달린 인간들이 살아가고 있을지도 모르고, 어떤 세계에서는 중력이 존재하지 않을 수도 있겠죠. 어떤 세계에선 독일과 일본이 세계대전에서 승리했을지도 모릅니다.

라이프니츠의 생각에 따르면 신은 이미 모든 가능세계에 대한 관념을 품고 있습니다. 신은 전지전능한 존재니까요. 신은 가능한 모든 세계를 이미 고려하고 있었으며, 그중 자신의 의지에 따라 어떤 세계도 창조할 수 있었습니다. 무한히 많은 가능세계 중 마음대로 골라서 세계를 창조할 수 있었다는 거죠. 그렇다면 신은 왜 하필 우리가 경험하고 있는 이 세계, 바로 이 세계를 창조했을까요?

그건 그럴 만한 충분한 이유가 있었기 때문입니다. 라이프니츠의 생각에 따르면 신은 전지전능하고 완전한 존재로서, 우연에 이끌리거나 터무니없는 계획을 가지지 않습니다. 신의 모든 행동과 계획은 완전합니다. 우리의 세계는 신의 완전한 계획 속에서, 다 그럴 만한 이유가 있어서 지금의 모습으로 창조된 겁입니다.

우리 세계에는 불완전한 모습이 많습니다. 하지만 라이프니츠는 그런 개개의 불완전함은 전체의 완전함을 구성하는 데에 도움을 준다고 생각했습니다. 신은 결코 이 세계에 근본적인 불완전성을 남겨놓지 않았습니다. 모든 것은 신의 계획 안에서 완전한 전체를 구성하고 있습니다. 예를 들어서, 음악에서 부분적인 불협화음이나 엇박자는 전체 곡을 더 풍성하게 만들게 해줍니다. 100퍼센트 완벽한 화음이나 기계적 정박으로만 이어진 곡은 어딘가 재미없습니다. 마찬가지로, 이 세계의 온갖 추하고 악하고 모자란 부분들은 세계 전체의 완전함에 기여합니다. 유한한 인간의 관점에서는 잘 파악이 안 될 뿐이죠.

합리적인 사람들

버클리, 흄

관념론

우리가 경험하는 세계는 물질로 이뤄져 있습니다. 태양이 빛과 열을 전달해 지구상에 식물이 자라나고, 그걸 동물이 먹으면서 자연계가 이뤄집니다. 인간은 그 자연계의 일부로서 꽃, 나무, 바위, 새 등 다양한 물질적 개체들과 상호작용하면서 살아갑니다. 그런데 이런 지극히 상식적인 시각에 반하는 철학적 견해가 있습니다. 바로 관념론입니다.

관념론에서는 이 세상이 물질이 아니라 정신적인 것을 통해 이뤄져 있다고 생각합니다. 이게 과연 무슨 소리일까요? 지금 저는 키보드를 두들기면서 이 글을 쓰고 있습니다. 그렇다면 제가 눈으로 보고 있는 모니터와 손으로 두드리고 있는 키보드 모두 어떤 영혼이나 유령 같은 존재일까요?

그런 뜻은 아닙니다. 관념론자들은 초월적이고 신비주의적인 정신을 이 세상의 기초로 삼았다기보다 가능한 한 소박한 관점에서 자신의 경험을 이해하려 했습니다. 그들은 우리가 이 세상에서 진실로 알 수 있는 것에만 집중하고 나머지 것을 섣불리 판단하는 걸 경계하려 했습니다. 그래서 관념론자들은 외부 세계보다 우리 정신이 더 근본적이라고 생각합니다. 우리가 세계를 경험하지 않으면 세계는 결코 나타날 일이 없으니까요.

관념론자들의 사고방식을 이해하기 위해서는 아일랜드의 성직자이자 대표적인 관념론자였던 조지 버클리George Berkeley의 견해를 살펴보면 큰 도움이 됩니다. 그는 당대에 유명했던 로크의 철학적 견해를 비판하면서 주장을 펼쳤습니다.

로크는 외부 대상에 대한 우리의 경험은 제1성질과 제2성질로 나눠진다고 주장했습니다. 제1성질은 대상을 인식하는 주체와 상관없이 존재하는 객관적인 성질을 뜻합니다. 반면 제2성질은 주체에 의존해서만 존재하는 성질입니다.

눈앞에 사과 하나가 있다고 해봅시다. 이에 대해 로크는 사과의 크기나 모양은 제1성질이라고 생각했습니다. 왜냐하면 내가 인식하든 인식하지 않든 사과는 항상 똑같은 크기와 모양으로 존재하고 있을 테니까요. 반면 색이나 질감은 제2성질에 해당합니다. 색은 사과에 빛이 어떻게 비추고 있으며 내 눈의 컨디션이 어떤지에 따라 달라지며, 질감은 내 손에 굳은살이 얼마나 배겼는지에 따라 달라질 테니까요.

그런데 버클리는 사실 우리의 실제 경험에서는 제2성질뿐만 아니라 제1성질도 인식 주체에 의존적이라고 주장했습니다. 예를 들어 크기는 나와 대상 사이의 거리에 의해 달라집니다. 어떤 대상의 크기가 완벽하게 정해져 있는지 아닌지 우리로서는 알 길이 없습니다. 우리는 평소 당연한 듯이 이렇게 생각합니다. 사과의 크기는 항상 일정한데 그것과 우리 시각 사이의 관계가 변하면서 사과의 크기가 다르게 '나타나는 것일 뿐'이라고요. 하지만 한번 정말로 철저하게 생각해보죠.

사과가 멀어진 순간, 사과의 '실제' 크기는 정말로 변하지 않았다고 확신할 수 있나요? 일상에서는 물론 문제 없이 확신할 수 있습니다. 그렇게 살아가는 게 상식적이며, 주변 모두가 그렇게 믿고 있으니까요. 하지만 이런 부차적인 근거들 말고, 정말로 순수하게 우리의 경험에 집중해보죠. 사과가 멀어지는 순간 우리가 직접적으로 아는 것은 오로지 '사과의 크기가 더 작게 보인다'는 것뿐입니다. 이 직접적인 앎 너머로 실제 사과의 본성이나 실제 사과의 모습 같은 게 있는지는 불확실합니다. '실제 사과의 크기'라는 건 상상의 영역에 존재할 뿐입니다.

버클리의 비판의식은 여기에 있습니다. 즉, 사람들은 실제 자기 자신이 경험하는 것 이상으로 인위적인 것들의 존재를 불필요하게 가정한다는 겁니다. 사과를 볼 때 내가 갖게 되는 건 사과에 대한 나의 앎, 달리 말해 사과의 관념뿐입니다. 그런데 사람들은 그것 이상으로 자신의 관념을 넘어서서 나와 상관없이 객관적으로 존재하는 사과를 상상한다는 거죠.

버클리는 주체와 세계 사이의 관계를 단순화하고자 했습니다. 사람들은 흔히 '① 세계의 대상 – ② 내 안에 생긴 대상에 대한 상 – ③ 나'라는 3단계의 그림을 그립니다. 세계에 실제 사과가 있고, 그 사과를 내가 인식해서 내 안에 사과에 대한 상이 생긴다는 거죠.

그런데 버클리는 ①과 ②를 합치는 게 합당하다고 생각했습니다. 나에게 세계의 대상은 언제나 내가 인식한 채로만 나타납니다. 그러니 나의 인식을 넘어선 세계 자체를 굳이 상정할 필요가 없다는 거죠. 버클리는 내 정신에 나타난 사과야말로 유일한 진짜 사과이며, 그걸 넘어서는 사과 자체를 논하는 건 무의미하다고 생각했습니다.

이런 배경에서 버클리는 "존재하는 것은 지각되는 것이다"라는 말을 남겼습니다. 우리는 보통 존재가 인식에 앞선다고 생각합니다. 먼저 무언가가 존재하고 있고 그 다음 내가 그걸 인식한다고 말이죠. 버클리는 이런 선후관계를 깨부수고자 했습니다. 존재는 내 인식과 동떨어져서 먼저 자리 잡고 있지 않습니다. 존재는 오직 내가 인식함으로써만 가능해집니다.

사실 버클리 이전에도 관념론은 오래전부터 다양한 문화권에서 다양한 형태로 발전해왔습니다. 넓게 보면, 세계의 근원이 물질을 뛰어넘는 정신적인 것에 있다고 보는 모든 철학적, 종교적 견해는 일종의 관념론적 성격을 갖는다고 볼 수 있습니다. 하지만 이런 입장들은 주로 '나'라는 주체 바깥에 놓인 신적이거나 초월적인 정신을 생각하고, 거기로부터 인간의 정신을 비롯한 세상의 모든 것이 나왔다고 봅니다. 반면 버클리의 관념론은 나의 정신에 집중하는 게 최우선입니다. 모든 것은 내 정신에 나타난 채로만 존재한다는 게 버클리의 철학의 핵심이죠.

버클리의 관념론은 이후 개인의 존재를 가장 중심에 놓고 이 세상을 설명하려는 철학적 움직임으로 이어집니다. 버클리의 관념론을 수정하고 보완해서 더욱 세련된 형태로 발전시킨 게 근대 철학의 가장 위대한 업적인 칸트의 사상입니다. 또한 그 이후 쇼펜하우어, 니체, 하이데거 등으로 이어진 주관주의적이고 도전적인 현대 사상들이 모두 관념론의 영향을 강하게 받았습니다. 관념론은 나 자신을 모든 이해의 출발점으로 삼습니다. 외부 대상들의 체계를 당연한 듯이 받아들이지 않고 나의 정신이 더 우선이라고 봅니다. 그렇기 때문에 전통적 권위에 과감히 도전하는 잠재력이 있죠.

하지만 관념론은 위험한 면모도 동시에 품습니다. 모든 것의 중심을 나의 정신에 놓다 보니 이기주의나 독선적인 사상으로 이어질 여지가 있습니다. 남들이 뭐라고 생각하든 나는 오직 내 정신만 믿으며 살아간다는 오만한 생각으로 발전할 수도 있죠. 혹은 물질적 현실의 유효성을 부정하고 상상적 세계에만 빠져 살아가게 될 수도 있습니다. 하지만 관념론의 기본 정신이 가능한 한 솔직하게 우리 경험을 이해해보자는 비판의식이라는 점을 생각해보면, 진정한 관념론자라면 그런 현실 도피적인 마음을 품지는 않을 겁니다. 현실을 외면하고 상상의 세계로 빠지는 건 나 자신을 속이는 일이니까요.

경험론 vs 합리론

경험론과 합리론은 서양철학을 오랫동안 양분해온 서로 대치되는 사고방식입니다. 철학사적으로는 보통 합리론이 조금 더 일찍 나타났다고 여겨집니다. 고대 그리스의 파르메니데스, 피타고라스학파, 플라톤 모두 합리론과 가깝습니다. 합리론은 인간이 지식을 얻는 과정에서 이성의 역할이 가장 중요하다고 보는 견해입니다.

서양철학에서 '지식'은 광범위한 뜻을 갖습니다. 일상을 살아가면서 얻는 사소한 정보들도 다 일종의 지식입니다. 집에 빨랫감이 쌓였다든지, 창밖에 눈이 내렸다든지, 타는 냄새가 난다든지 하는 것들도 다 일종의 지식입니다. 세상에 어떤 일이 일어나고 있다는 걸 내가 '아는' 거니까요. 다른 한편, 이런 단순한 지식 말고 조금 더 고차원적인 지식도 있습니다. 한글이 1446년에 반포됐다는 것, 삼각형이 직선 세 개로 이뤄져 있다는 것, '$E=mc^2$'이라는 것 등을 아는 것도 지식이죠.

합리론자들은 여러 가지 지식 중 경험을 통해 얻은 지식과 경험 외적으로 얻은 지식을 구별합니다. 경험을 통해 얻은 지식은 감각적 경험에 기초하는 경우가 많습니다. 집에 빨랫감이 쌓였다는 걸 제가 아는 이유는 빨래통에 빨래가 쌓여 있는 걸 눈으로 봤기 때문이죠. 혹은 전통을 통해 경험적 지식을 얻을 때도 많습니다. 뒷산에 직접 올라가보지 않고도, 대대로 전해져 내려오는 이야기를 통해 마을 뒷산에서 도토리가 많이 난다는 걸 알고 있는 경우가 있죠. 이런 경험적 지식의 특징은 세계와 접촉하는 경험을 통해서 얻어진다는 겁니다. 내가 직접 감각을 통해 경험하든, 다른 사람들을 통해서 경험하든, 모두 세계와 접촉하고 있죠.

반면 순전히 내 머릿속으로 이성적인 추론을 함으로써 얻을 수 있는 지식도 있습니다. 수학적 지식이 대표적이죠. 수학자는 수학적 지식을 얻기 위해 내면적 직관을 사용합니다. 세계에 대한 경험보다 내적인 추론 능력이 핵심이죠. 합리론자들은 대개 이렇게 내면적인 이성을 활용해 얻은 지식이야말로 가장 확실하고 우월한 지식이라고 생각합니다. 플라톤은 모든 개별적인 경험을 뛰어넘는 이데아야말로 진정한 진리라고 믿었습니다. 근대의 대표적 합리론자인 데카르트는 모든 경험을 의심에 부치고 난 후 얻어지는 '나는 생각한다, 고로 존재한다'라는 명제가 가장 확실하고 기초적인 지식이라고 생각했습니다.

합리론자들은 내재적인 지식의 존재를 믿는 경우도 많습니다. 내재적이라는 건 원래부터 본성적으로 이미 가지고 있다는 겁니다. 플라톤의 경우 인간은 원래 이데아에 관한 지식을 갖고 있었으나 태어나는 과정에서 그걸 잊어버렸을 뿐이라고 주장했습니다. 우리는 살아가면서 여러 경험을 통해 영감을 받아 그 내재적인 지식을 다시 상기하는 것이고요.

대표적 합리론자 라이프니츠도 인간이 생물학적 본성을 타고나듯이 특정한 지식의 가능성을 타고난다고 주장했습니다. 경험은 타고난 방향성으로 우리를 이끌고요. 예를 들어서, 전혀 다른 환경에서 태어나 전혀 다른 경험을 한 두 사람이라고 해도, 만약 수학적 고찰을 한다면 똑같이 '1+1=2'라는 지식을 얻게 될 겁니다. '1+1=3'이라는 지식은 결코 얻지 않죠. 이런 의미에서, 우리는 이미 지식을 갖고 있습니다. 삶을 통해서 그걸 발견해나가는 것이고요.

이제 경험론을 살펴볼 차례입니다. 경험론 역시 고대부터 존재해왔습니다. 스토아학파나 에피쿠로스학파가 경험론과 가까운 견해를 펼쳤죠. 그리고 중세 기독교 철학자들도 주로 경험론을 주장했습니다. 경험론이 좀 더 본격적인 주목을 받기 시작한 건 근대 영국에 이르러서였습니다. 과학이 폭발적으로 발전하면서 몇몇 사람들은 인간이 지식을 얻는 과정에서 객관적이고 경험적인 데이터의 역할이 핵심이라고 강조하기 시작했습니다. 그러면서 이성은 타고난 지식을 발견하는 능력이 아니라 경험을 통해 얻은 것들을 짜맞추는 능력이라는 사상이 널리 퍼지기 시작했죠. 특히 영국에서 유명한 경험론자들이 많이 나왔습니다.

대표적인 근대 영국 경험론자로는 프랜시스 베이컨, 홉스, 로크, 버클리, 흄 등이 있습니다. 그들은 애초에 순전한 이성의 힘만으로 어떤 지식을 얻을 수 있다는 생각 자체에 반대했습니다. 항상 경험이 있어야만 그걸 바탕으로 이성이 제 능력을 발휘해 지식을 얻을 수 있다고 봤죠. 합리론자들이 가정하는 내재적 지식은 허구에 불과하다는 겁니다. 가장 전형적인 경험론을 출발시킨 것으로 평가받는 로크는 인간은 태어날 때 '백지 상태tabula rasa(깨끗한 석판)'라고 주장했습니다. 우리는 일단 텅 빈 채로 태어난 후 점차 감각적 경험을 쌓아가면서 지식을 발전시킨다는 거죠.

경험론자들 중에서 흄은 조금 더 극단적인 입장을 취했

습니다. 그는 우리가 직접적으로 느끼는 것 이외의 모든 것은 다 확실한 지식이 아니라고 봤습니다. 그는 우리의 경험에는 인상impression과 관념idea 두 가지가 있다고 생각했습니다. 인상은 감각, 감정, 욕구처럼 우리가 현재 직접적으로 인식하는 것입니다. 예를 들어 저는 지금 손끝을 키보드에 대고 있는데요. 이 경험에서 저는 손끝에 닿는 키보드의 감각이라는 인상을 얻게 됩니다. 또한 만약 배가 고파지면 음식을 먹고 싶다는 인상을 얻게 되겠죠.

반면 관념은 이런 인상으로부터 파생되어 얻어진 정신적 현상입니다. 저는 이제 키보드를 만지며 딱딱하다는 생각을 하는데요. 이 생각은 이미 관념의 영역으로 넘어간 겁니다. 딱딱하다고 생각하기 이전, 저는 딱딱함이라고 부를 법한 무언가를 느꼈을 겁니다. 그 경험은 직접적이고 현재적이며, 우리가 세계에서 얻는 가장 근원적인 정보입니다. 이걸 흄은 인상이라고 부른 겁니다. 반면 관념은 이 인상에서 어느 정도 멀어집니다. 인상의 복제물을 머릿속에 만든 후 그것에 대해 생각하며 형성해나가는 거죠.

때로 우리는 여러 인상을 합치고, 또 거기에다 여러 관념과의 관계까지 추가해서 복잡한 관념을 만들 수도 있습니다. 가령 '나'라는 관념이 그렇습니다. 흄은 사실 우리의 경험을 가만히 들여다보면, 직접적으로 느껴지는 '나' 같은 건 없다고 주장했습니다. 우리는 살아가면서 여러 경험을 할 때 그것들이 서로 연결돼 있다는 걸 느낍니다. 어제 겪은 일과 오늘 겪은 일은 서로 아무런 상관이 없는 게 아니라 공통의 몸에 영향을 끼치며 기억으로 서로 연결돼 있죠. 흄은 우리가 이런 경험의 다발을 '나'라는 관념을 구성해서 가리킬 뿐이라고 생각했습니다. 이런 아이디어는 데카르트의 '코기토'와 완전히 대치됩니다. 데카르트는 우리가 내면적인 이성적 성찰을 통해 가장 확실한 절대적 자아를 발견할 수 있다고 생각했습니다. 데카르트의 합리론과 흄의 경험론은 매우 다릅니다.

흄은 모든 관념은 궁극적으로 인상에 기초한다고 봤습니다. 즉, 우리가 생각의 활동을 하며 얻는 모든 경험은 사실 그것보다 훨씬 더 직접적인 감각적, 감정적, 욕망적 경험으로부터 자라나온다는 거죠. 예를 들어 '신' 관념은 얼핏 보기에 감각으로부터 가장 먼 추상적인 관념처럼 보입니다. 하지만 흄은 우리가 일상에서 온갖 불완전하고 불편한 것들을 먼저 경험한 후 그것과 대비되는 완전성을 떠올리면서 신 관념을 발전시킨 것이라 생각했습니다.

흄의 극단적인 경험론적 특성은 그의 인과성에 관한 견

해에서 가장 잘 드러납니다. 우리는 세계를 경험하면서 인과적인 지식을 엄청나게 많이 얻습니다. 가령 바람이 불어서 바람개비가 돌아갈 때 '바람이 원인으로 작용하여 바람개비가 돌아간다는 결과가 발생했다'는 지식을 얻죠. 이는 너무나 합당한 지식 같습니다. '경험적으로 입증되는' 사실 같죠. 하지만 흄은 우리의 경험 그 어디를 들여다봐도 이런 인과적 관계는 들어 있지 않다고 주장했습니다. 사실 우리가 경험에서 직접적으로 얻은 건 바람이 불고, 바람개비가 돌아간다는 것밖에 없습니다. 그 둘 사이를 원인과 결과로 이어주는 그 어떤 표지도 직접적인 경험에는 들어 있지 않습니다. 인과적 관계는 우리가 생각을 통해 추론해낸 것입니다.

데카르트는 인과성이 내재적 관념이라고 생각했습니다. 우리는 이미 인과성의 관념을 타고났고, 그걸 통해서 실제 세계에 대한 감각적 경험을 해석해낸다는 겁니다. 반면 흄은 이런 인과성의 내재성에 반대했습니다. 그는 우리는 어디까지나 비슷한 사건이 서로 가까이 일어나는 것을 많이 경험하다 보니 그 둘 사이가 이어져 있다는 습관적 결론을 내리게 된 것일 뿐이라고 생각했습니다. 어렸을 때부터 바람이 불면 사물이 움직이는 것을 워낙 많이 보다 보니 '바람이 불면 사물이 움직이는구나'라고 습관적으로 생각하게 됐다는 거죠. 이런 생각이 발전하면서 원인과 결과라는 관념이 됐고요. 이 관점에서 세계 속에 실제로 인과법칙이 존재하는 것도, 우리 정신에 처음부터 인과성이 각인돼 있는 것도 아닙니다. 기초적인 경험으로부터 우리가 구성해 낸 것입니다.

합리론과 경험론에는 다양한 버전과 정도의 차이가 있습니다. 인간의 자연적 상태를 백지 상태에 가깝다고 볼수록 극단적인 경험론에 가까워지는 것이고, 인간의 지식 영역에 이미 처음부터 많은 것이 채워져 있다고 생각할수록 극단적인 합리론에 가까워진다고 볼 수 있습니다.

그런데 합리론과 경험론 모두 완전한 극단으로 가버리는 건 결코 쉽지 않습니다. 비교적 극단적인 경험론자로 평가받는 흄조차, 일부 수학적 지식은 경험 이상의 인간 인식 구조에 기초하고 있다는 걸 인정했습니다. 인간이 수적인 관념들을 서로 연결할 때 따를 수밖에 없는 구조가 있는데, 그건 경험을 통한 학습과는 별개로 존재한다는 거죠. 이처럼, 합리론과 경험론은 완전히 칼로 무 자르듯이 나눠지는 개념이 아닙니다.

4장

우리의 세계를 만들다

. . .

힘이 강해질수록 야망이 커지는 법입니다.
과학기술이 발전하면서 인간은 세계를 탐험하고
자연을 지배할 수 있게 됐습니다. 그러자 스스로를
더욱 특별히 여기고 싶은 욕망이 생겨났습니다. 이제
인간은 이전 시대의 선입견에 더 자주 반기를 들고,
사회를 바꿀 방법을 더 적극적으로 궁리합니다.
세상의 주인공으로 발돋움하는 순간이죠.
하지만 이런 생각은 영원할 수 있을까요?

○

사유의 천재

칸트

선험

선험은 라틴어의 'a priori'를 번역한 말로, 직역하면 '앞에 서부터'라는 뜻입니다. 이 개념은 서구 근대시대에 가장 큰 영향을 끼친 철학자로 평가받는 칸트가 대중화한 단어로, '경험에 앞선 것'을 뜻합니다. 경험에 앞선다는 게 무슨 뜻일까요?

칸트는 세계에 대한 우리의 모든 경험은 특정한 형식에 따라 이뤄진다고 생각했습니다. 세계로부터 우리가 받아들이는 자극은 항상 변화합니다. 계절, 장소, 상황에 따라 계속 다른 자극이 들어오죠. 하지만 그런 모든 자극은 항상 우리 안에 똑같이 있는 인식 구조에 따라 일률적으로 재편돼서 유의미한 정보가 됩니다. 이런 과정이 없이는 그 어떤 경험이나 지식도 생겨날 수 없습니다.

대표적으로, 칸트는 인간의 감각 경험은 항상 시공간이라는 틀에 따라 생겨난다고 주장했습니다. 우리가 온갖 다양한 것을 감각할 때 그것은 항상 특정 시간, 특정 공간에서 이뤄지는 경험으로 해석되어 우리 안에 들어온다는 거죠. 누군가 이렇게 생각할 수도 있습니다. '시간과 공간은 우리 안에 존재하는 형식이 아니라, 세계를 이루고 있는 객관적인 구조가 아닌가?' 하지만 칸트 철학의 독특하고도 심오한 점은 바로 이런 선입견을 부정했다는 겁니다. 그는 우주의 물질들이 이미 시간과 공간 안에 펼쳐져 있기에 우리가 그것들을 시공간적으로 인식하는 게 아니라, 인식의 틀로서 시공간이 우리 안에 존재하기 때문에 우리가 무엇을 감각하든 시공간적으로 해석하게 되는 거라고 생각했습니다.

이때 시간과 공간은 경험에 앞서서 존재합니다. 경험을 통해 학습한 결과, 혹은 습관을 들인 결과로 시간과 공간을 인식하는 게 아닙니다. 오히려 시간과 공간이 이미 인식의 조건으로서 자리 잡고 있기에 우리가 세계를 인식할 수 있는 겁니다. 이런 의미에서 시간과 공간은 선험적입니다.

칸트 이후로, 철학에서 '선험'은 주로 모든 경험적인 요소를 다 빼버리더라도 여전히 남아 있을 것으로 생각되는 것을 의미합니다. 눈앞에 갈색 의자가 하나 있다고 했을 때, 만약 내가 눈을 통해서 직접 보지 않는다면 의자의 갈색과 생김새는 모두 더 이상 존재하지 않을 겁니다. 하지만 내 모든 경험적 요소가 사라지더라도 의자를 감각하는 걸 가능하도록 하는 시간과 공간이라는 틀은 여전히 남아 있을 겁니다.

그렇다면 선험적인 것으로 무엇이 더 있을까요? 또한 시간과 공간은 정말 칸트의 말대로 선험적인 게 맞을까요? 다양한 생각은 우리의 몫입니다.

물자체

칸트는 철학에서 '인식론적 전회'를 일으킨 사람으로 평가받습니다. 그는 인간이 지식을 얻는 과정에서 선험적 형식이 핵심적 역할을 한다고 생각했습니다. 그리고 과연 선험적 형식에는 무엇이 존재하며 그것들은 우리의 삶에 어떤 파급력을 끼치는지 넓고 깊게 탐구했죠. 그러면서 한 가지 흥미로운 사고의 전환이 일어났습니다.

칸트 이전까지 철학자들이 가장 많은 관심을 가졌던 대

상은 세계 혹은 실재實在였습니다. 실질적으로 존재하는 것들이 어떤 특성을 가졌는지 알아내는 게 곧 진리를 탐구하는 과정이라고 생각했죠. 플라톤의 이데아론을 떠올려보면 이런 특성을 잘 알 수 있습니다. 플라톤에게 이데아는 불완전한 감각적인 세계 너머에 존재하는, 이 불확실한 세계보다 훨씬 더 확실한 진정한 진리였습니다. 그런 실질적 진리의 차원에 가 닿는 게 인간이 추구해야 할 일이었죠. 경험론자들도 세계로부터 우리가 직접적으로 얻는 데이터에 주목함으로써 우리가 더 나은 앎을 얻을 수 있다는 사고방식을 가졌었습니다.

그런데 칸트는 좀 달랐습니다. 그는 존재하는 것이 아닌 우리가 존재를 인식하도록 하는 형식에 주목했습니다. 결국 모든 존재는 우리가 가진 형식을 통해서만 우리에게 모습을 드러내므로 그 형식을 제대로 분석하는 게 진리를 얻는 과정에서 아주 중요하다고 본 거죠. 그 결과, 칸트 이후로 과학과 철학의 분화가 뚜렷해집니다. 세계에 대한 객관적인 경험 데이터를 수집하고 분석하는 일은 과학이 할 일, 인간의 인식 구조를 분석하는 데에 집중하는 건 철학이 할 일이라는 생각이 급속도로 퍼집니다. 칸트 이전까지 철학은 주로 '존재론'적 성격을 가졌다면, 칸트 이후로는 '인식론'적 성격이 부상하기 시작하죠.

그런데 인식론에 집중한 철학에는 항상 께름칙한 면이 남습니다. 바로, 우리는 결코 인간의 인식 구조 이상으로 나아가 세계에 대한 앎을 얻을 수는 없다는 한계입니다. 세계에는 분명 무언가가 있고, 우리는 그것들을 감각하면서 지식을 얻습니다. 그런데 그 지식은 결코 우리가 가진 인식 구조를 부정하면서 생겨날 수는 없습니다. 우리는 언제나 정해진 틀대로 세계를 바라볼 수 있을 뿐이죠.

이때 우리의 방식대로 세계를 인식하지 않더라도 여전히 세계에는 무언가가 존재하고 있을 것이라고 추정은 할 수 있습니다. 다만 그게 어떤 모습일지 우리로서는 알 길이 없죠. 물자체는 바로 이 우리의 앎을 넘어서 있는, 분명 존재하긴 하지만 정확히 어떤 식으로 존재하는 건지 알 수 없는 것을 뜻합니다. 물자체는 '사물 자체'라는 뜻입니다. 주체의 인식 틀이 적용되기 이전의 대상 그 자체인 거죠.

시공간 이전에 존재하는 의자에 대해 생각해봅시다. 이 세계에 실제로 존재하는 의자는 모두 시공간적으로 존재하는 것으로 '나타납니다'. 왜냐하면 칸트의 견해에 따르면 시공간은 우리가 감각 경험을 할 때 항상 적용되는 형식이니까요. 그렇다면 의자 자체는 과연 어떤 모습일까요? 여기에 과연 무엇을 합당하게 말할 수 있을지 명확하지는 않지만, 어쨌든 여기서 말해지는 바로 그 무언가가 곧 물자체입니다.

의무론

의무론은 칸트의 견해로 대표되는 윤리학의 거대한 입장입니다. 의무론은 결과주의적 사고방식과 대비해서 이해하는 게 효과적입니다. 윤리학에서 결과주의는 어떤 행위의 옳고 그름을 그 결과에 따라 평가해야 한다는 입장입니다. 예를 들어서 거짓말은 일반적으로 나쁜 행동이지만, 사소한 거짓말로 무고한 아이의 목숨을 구했다면 결과주의적으로는 선한 행동이 됩니다. 최대 다수의 최대 행복을 기준으로 윤리적 평가를 내리는 공리주의는 결과주의의 일종입니다.

그런데 결과주의는 몇 가지 핵심적인 문제점을 갖습니다. 결과는 상황에 따라 바뀌기 때문에 결과를 정확하게 측정하는 건 거의 불가능합니다. 예를 들어 자동차가 처음에 보급될 때 자동차 판매업자들은 친환경 이미지를 많이 내세웠습니다. 당시 주된 교통수단이었던 마차는 말똥 때문에 도시 주변 환경의 오염을 초래했습니다. 따라서 자동차를 널리 보급하는 게 환경을 더 깨끗하게 만드는 일이었죠. 하지만 시대가 바뀌면서 자동차가 너무 많아지니, 이제는 오히려 자동차가 환경오염을 일으켰습니다. 이런 식으로, 행동의 결과는 상황과 시점에 따라 가변적입니다. 그렇다면 무엇을 기준으로 결과를 판단하고 윤리적 평가를 내릴지 불분명하죠.

또한 세상에는 정말 나쁜 의도를 갖고 행동했는데 뜻밖에 좋은 결과가 초래될 때도 있고, 반대로 정말 선한 의도로 행동했는데 몹시 나쁜 결과가 생길 때도 많습니다. 악독한 정치인이 순전히 선거에서 승리하기 위해 포퓰리즘 정책을 펼쳤는데, 어쩌다 보니 그게 나비효과를 불러일으켜 사회가 발전하는 데 크게 기여할 수도 있습니다. 반대로, 위험에 처한 사람의 생명을 구하려고 뛰어들었다가 오히려 그 사람을 죽게 만들 수도 있습니다. 이 경우, 단순히 결과만을 가지고 윤리적 평가를 내리는 게 타당한 걸까요?

칸트의 의무론은 이런 문제를 해결할 수 있다는 장점을 갖습니다. 그는 인간에게 있어서 무조건적으로 선한 것은 오로지 선의지, 즉 선을 따르고자 하는 의지밖에 없다고 생각했습니다. 다른 모든 것은 조건적으로만 선합니다. 상황에 따라서 선악이 달라질 수 있다는 거죠. 반면 선의지는 그 자체로, 모든 상황에서 언제나 선합니다. 설령 그것이 나쁜 결과를 초래한다고 할지라도 그 자체가 가진 선한 가치는 변하지 않습니다. 칸트가 말하는 선의지는 도덕법칙에 따르고자 하는 의지입니다. 단순히 누군가에게 잘해주고자 하는 것은 진정한 선의지가 아닙니다. 왜냐하면 사적인 친밀감이나 이해관계 때문에 선을 베푸려는 걸 수도 있으니까요. 진정한 선의지는 사리사욕과 상관없이 보편적 도덕법칙에 따르고자 하는 의지입니다.

칸트의 의무론은 선의지를 가졌는지 여부를 기준으로 핵심적인 도덕적 평가가 이뤄져야 한다는 생각입니다. 이에 따르면, 만약 누군가가 선의지에 의해 어떤 행동을 했다면, 그건 그 자체로 선한 행동입니다. 그 행동이 어떤 결과를 낳는지는 중요하지 않습니다. 도덕법칙에 따르고자 했다면, 즉 인간에게 부여된 도덕적 의무에 충실하고자 했다면, 선한 행동을 한 것입니다.

칸트가 모든 상황에서 선의지를 기준으로만 도덕적 평가를 내려야 한다고 본 것은 아닙니다. 다만 그는 인간이 절대적으로 따라야 할 도덕법칙들이 있으며, 그걸 따르려는 의지에서 행동을 했다면 그건 결과와 상관없이 선한 것으로 평가돼야 한다고 주장했습니다.

정언명령

정언명령은 칸트의 윤리학에서 핵심적 역할을 하는 개념입니다. 정언명령은 무조건적으로 따라야 하는 법칙을 가리킵니다. 정언명령은 가언명령과 대비되는 개념입니다. 가언명령은 조건적인 명령입니다. 우리가 일상에서 경험하는 대부분 명령이 가언명령이죠. 예를 들어서, 부모님들이 자식에게 "공부 열심히 해"라고 명령하는 건 대부분 가언명령입니다. 부모님들은 아무 조건 없이 그저 자식이 맹목적으로 열심히 공부하길 바라는 게 아닙니다. 좋은 대학에 들어가기 위해서, 혹은 직업적으로 성공하기 위해서 열심히 공부하라는 거죠.

반면 정언명령은 그 어떤 조건과도 상관없이 무조건적으로 따라야 하는 명령입니다. 예를 들어 기독교의 신은 "살인하지 말라"고 명령했습니다. 여기에는 그 어떤 조건도 붙지 않습니다. 사람들이 평화롭게 공존하기 위해, 마음의 안정을 위해, 정의의 실현을 위해 살인을 하지 말라는 게 아닙니다. 신의 명령은 그 자체로 절대적입니다. 거기에 더 이상 조건을 따져 물을 수는 없습니다. 나쁜 결과가 초래될 것 같더라도 무조건 따라야 합니다.

칸트는 인간의 도덕적 삶이 정언명령에 기초해야 한다고 생각했습니다. 단, 그는 전통적으로 정언명령으로 받아들여지던 것을 그대로 따를 게 아니라, 우리 스스로의 이성을 통해 누구나 인정할 만한 보편적인 정언명령을 발견해야 한다고 생각했습니다. 그리고 그는 스스로 그런 발견을 일부 이뤘다고 믿었습니다.

그가 생각한 하나의 대표적인 정언명령은 (단순화해서 말하자면) '보편적인 도덕법칙이 되기를 네가 원할 만한 그런 법칙을 따르라'입니다. 쉽게 말하면, 나 스스로 이성적으로 생각했을 때, 보편적인 법칙이 되기에는 불합리하다고 보이는 그런 법칙을 보편적인 법칙으로 인정하지 말라는 겁니다. 나의 입장에서, 또한 이성을 가진 다른 모든 사람의 입장에서도 보편적 법칙으로 인정할 만한 법칙을 진정한 보편적 도덕법칙으로 받아들여야 한다는 거죠.

왜 이런 법칙을 따라야 할까요? 여기에 조건적 답변을 내놓는다면 정언명령의 사고에서 벗어나게 됩니다. 예를 들어서, '그래야 인류가 더 행복하게 살 테니까' '그래야 사회가 더 견고해질 테니까' 같은 다른 조건을 끌고 와서 이

법칙을 정당화할 수는 없다는 거죠. 이 법칙은 그 자체로 따라야 할 보편적인 법칙, 정언명령입니다. 이 법칙이 보편적인 법칙인 데에는 오직 이 법칙이 보편적인 법칙이 되기를 누구나 보편적으로 희망한다는 근거만이 작동하고 있습니다.

무슨 소리인지 도무지 이해가 가지 않는다고요? 자연스러운 현상입니다. 모든 인간이 따라야 마땅한 절대적인 도덕법칙을 쉽게 찾거나 이해할 수 있을 리 없습니다. 만약 그랬다면 지금쯤 모든 사람이 동의하는 도덕법칙이 많이 존재했을 겁니다. 사실 칸트의 시대로부터 200년이 넘게 지난 지금까지도 우리는 여전히 단 하나의 절대적인 도덕법칙도 찾지 못한 것 같습니다. 적어도 저는 그렇게 믿습니다. 여전히 우리는 인간의 근본적 존재 방향성에 대해 사람마다 생각이 달라서 엄청난 갈등을 겪고 있으니까요. 어쩌면 칸트가 추구했던 정언명령은 허구에 불과할 수도 있습니다.

하지만 적어도 그 독자적 법칙이라는 아이디어 자체는 큰 의의를 갖습니다. 인간의 윤리적 삶은 끝없는 질문들로 가득합니다. '왜 살아야 하는가? 어떻게 살아야 하는가? 무엇이 옳은 것인가?' 이런 질문은 끝없이 이어지며, 우리는 무엇이 삶의 정답인지를 결코 알아내지 못 한 채 허무감에 빠지기도 합니다.

그런데 칸트는 이 고된 의문의 연쇄에 종지부를 찍을 수 있는 최종적 가치가 존재한다는 희망을 제시했습니다. 그의 주장이 옳은지는 확실하지 않지만, 적어도 허무주의를 극복하는 하나의 중요한 삶의 관점을 제시했다는 점은 분명합니다.

○

절대정신이라는 세계

헤겔

변증법

변증법은 영어로 'dialectics'입니다. 이는 대화를 뜻하는 'dialogue'와 같은 어원을 갖습니다. 본래 변증법은 대화 상대를 맞은편에 두고 점점 진리에 다가가는 접근 방식을 뜻합니다. 변증법의 고전적인 예시는 플라톤의 대화편에서 찾아볼 수 있습니다. 플라톤은 다양한 등장인물이 모여 대화하는 글을 썼습니다. 처음에는 사람들이 주제에 대해 미약한 앎만을 갖고 있다가, 서로 문제점을 지적하고 더 나은 견해를 모색하며 점점 진리에 가까이 다가갑니다.

이 플라톤의 변증법은 앎에 대한 아주 흥미로운 관점을 담았습니다. 우리 현대인들은 어딘가에서 새로운 정보를 접해야만 앎을 넓힐 수 있다고 보는 경향이 있습니다. 여행을 가야만, 책을 읽어야만, 강의를 들어야만 지식이 늘어난다는 거죠. 하지만 이는 정보성 앎과 관련해서는 타당하지만, 앎 전체에 대해 타당하지는 않습니다. 가령, 수학자들은 칠판 위에 스스로 생각을 펼쳐 나가는 것만으로도 엄청난 앎을 발견합니다. 플라톤의 변증법은 마치 수학자가 스스로의 머릿속에서 여러 생각을 교차시키며 진리에 이르듯이 사람들이 서로 대화하면서 논리를 전개해나가는 것만으로도 지식을 발전시킬 수 있다는 모델을 보여줍니다.

변증법이라는 단어가 더욱 널리 쓰이게 된 건 근대의 철학자 헤겔Georg Wilhelm Friedrich Hegel에 이르러서였습니다. 헤겔은 굳이 대화 상대를 맞은편에 두지 않아도, 인간의 의식이 자체적으로 이미 항상 어떤 대상의 반대편에 다른 무언가를 놓으면서 둘 사이의 관계를 통해 지식을 발전시킨다고 생각했습니다.

예를 들어 존재란 과연 무엇일까요? 이에 대해 생각할 때 우리는 자연스럽게 존재의 맞은 편에 무를 세워둡니다. 존재란, 존재하지 않는 것과 구별되는 무언가이죠. 만약 맞은편에 놓인 것의 도움을 받지 않고 오로지 존재 그 자체에만 집중해서 앎을 얻으려 하면 우리는 아무것도 제대로 알 수가 없습니다. 인간이 무언가에 대한 앎을 얻는다는 건 항상 그것의 맞은편에 놓인 다른 무엇을 상정하는 걸 뜻합니다.

그리고 앎은 이런 두 가지 대상의 순수한 대립 관계에만 머물면서 끝나지 않습니다. 앎은 항상 대립하는 요소들을 '종합'해서 더 풍부한 앎으로 발전해갑니다. 예를 들어 존재가 항상 무와 구별된다는 걸 알게 된 이상, 우리는 자연스럽게 그 둘 사이를 넘나드는 과정에 대해 생각하게 됩니다. 무언가가 존재한다는 건 무의 상태에서 빠져나온 것일 수 있고, 무언가가 없다는 건 존재하다가 사라져버린 것일 수 있습니다. 이렇게 우리는 존재와 무를 이해하는 과정에서 자연스럽게 변화에 대해 이해합니다. 무언가가 존재한다는 건 이전에는 없었다가 존재하게 된 것입니다. 처음에는 분명 존재에 대해서만 생각했었는데, 우리의 의식은 자연스럽게 무를 거쳐, '되어감' '생성' '변화' 등에 대한 이해로까지 나아가고 있습니다.

헤겔은 흔히 '정-반-합正反合'이라고 알려진 구조를 대중화시켰습니다. 지금은 변증법이라고 하면 많은 사람들이 이 구조를 바로 떠올립니다. 먼저, '정'은 아무 규정도 이뤄지지 않은 상태로, 즉각적으로 주어져 있는 무언가를 뜻합니다. 그리고 '반'은 그 맞은편에 놓이는 무언가를 뜻합니다. '합'은 이 둘을 종합해서 새로운 단계로 나아가며 산출되는 무언가를 뜻합니다.

헤겔의 정-반-합 구조에서 가장 특징적인 건 합의 단계입니다. 우리는 세계를 두 가지 대립항으로 나눠서 생각하는 데에 익숙합니다. 낮과 밤, 양과 음, 0과 1. 헤겔 이전까지 서구권 사람들은 지식에 대해서 주로 참과 거짓 사이의 대립 구도를 떠올렸습니다. 참인 명제가 있으면 그것의 부정은 거짓입니다. 진리에 가까이 다가간다는 건 거짓을 최대한 제거하고 순수한 참만을 남겨두는 거였습니다.

그런데 헤겔은 인간 지식의 진보는 이런 식으로 이뤄지지 않는다고 생각했습니다. 그는 대립을 넘어서는 종합의 단계가 반드시 있다고 봤습니다. 우리는 단순히 거짓을 배제하는 게 아닙니다. 오히려 거짓까지 포괄해서 더욱 풍부한 종합적 진리로 나아갑니다.

엄밀히 말하면, 애초에 거짓과 완전히 구별되는 고정적인 참은 존재하지 않습니다. 참은 언제나 거짓과 대립하는 과정에서 새롭게 생겨납니다. '정'의 상태에만 머물러 있는 건 이 세상에 존재하지 않습니다. 모든 건 언제나 '반'을 거쳐서 '합'으로 변모해갑니다. 만약 우리가 '합'을 통해 참을 하나 얻으면, 그것에는 또 다시 '반'이 세워지며, 우리는 다시금 새로운 '합'으로 나아갑니다. 이 과정은 무한히 지속됩니다. 이 무한한 발전의 연쇄 속에서 진리는 점차 이전보다 더 많은 것을 포괄하면서 자신의 모습을 갖춰 나갑니다.

이는 우리가 시행착오를 겪는 모습과 비슷합니다. 한번 제빵사가 빵 만드는 기술을 습득하는 과정을 생각해보죠. 제빵사는 여러 시행착오를 거듭하면서 나쁜 레시피를 제거해나갑니다. 그런데 그는 단순히 나쁜 레시피를 머릿속에서 완전히 지워버리는 게 아닙니다. 나쁜 레시피를 잘 기억해둠으로써 그 방향을 피하려고 노력하죠. 게다가 그는 시행착오 과정에서 반죽하기나 계량하기 등 여러 기술을 연마할 수 있었습니다.

만약 환경이 변화하면, 정석적인 레시피만 익힌 제빵사보다 여러 시행착오를 통해 다양한 상황에서의 대처법을 익힌 제빵사가 더 능숙하게 난관을 극복할 겁니다. 나쁜 레시피는 단순히 극복 대상이 아니었습니다. 오히려 그것으로 빵을 만들어보는 과정 자체가 전반적인 실력 향상의 좋은 계기였죠. 나쁜 레시피라는 '반'의 단계를 거친 제빵사는 단순히 그것을 제거하고 순수한 '정'의 상태에 머물러 있는 게 아닙니다. '정'과 '반'을 포괄한 '합'의 단계로 나아갑니다. 이 과정은 무한히 반복될 수 있으며, 그때마다 제빵사의 제빵기술은 점점 완전함에 가까워질 겁니다.

시대정신

시대정신Zeitgeist은 여러 철학자가 사용한 단어인데, 특히 헤겔에 의해 가장 유명해진 개념입니다. 헤겔은 정-반-합의 변증법적 구조가 단순히 인간의 머릿속에만 있는 건 아니라고 생각했습니다. 그는 이 세계가 실제로 변증법적 구조에 따라 발전해간다고 봤습니다. 헤겔이 말하는 시대정신은 세계가 발전하는 과정에서 각 시대마다 특징적으로 출현하는 사람들의 욕망, 감정, 생각의 경향성입니다.

헤겔의 생각에 따르면 이 세계는 자신 스스로를 점점 완전성에 가깝게 실현해나갑니다. 처음에는 모든 것이 무질서해 보이지만, 사물들은 점차 특정한 원리에 따라 질서를 갖추며 하나의 체계를 이뤄갑니다. 완전한 무질서에서 완전한 질서로 자신을 완성해가는 거죠. 이 완성은 이성적 능력을 갖춘 인간에 의해 최종적으로 이뤄집니다. 아직 무질서가 만연한 세상에서 인간이 탄생해 세계의 원리를 파악하고 그 원리에 따라 세계를 조직해나갑니다. 법을 만들고, 예술을 창조하고, 역사를 써 내려가면서 점점 세계에 이성적 질서를 실현해갑니다.

헤겔이 보기에 세계의 발전은 결코 누군가가 자의적으로 만들어내는 게 아닙니다. 세계는 고유의 이성적 원리에 따라 자기 자신을 펼쳐나갑니다. 얼핏 보기에는 각 사람이 자기의 의지에 따라 행동하는 것 같지만, 사실 거시적으로 보면 세계는 통일적인 이성적 원리에 따라 점차 모습을 갖춰나가고 있습니다. 말하자면 변증법적 원리에 따라 상위의 단계로 나아가고 있습니다.

변증법적 과정에서 각 시대에 출현하는 것이 바로 시대정신입니다. 각 시대에는 그 시대만의 혁명을 만들어내는 인물들이 있습니다. 헤겔의 생각에 따르면, 혁명적 인물들은 결코 독자적으로 특출나서 시대적 변화를 이끌어내는 게 아닙니다. 그들은 자신이 속한 시대 특유의 분위기와 환경 속에서 자라며 혁명의 싹을 키워갑니다. 그들이 구체적으로 혁명을 일으키기 이전에도, 이미 시대적으로 혁명은 무르익고 있습니다. 혁명적 인물들은 그 속에서 우연한 계기로 결정적인 역할을 맡을 뿐입니다. 그 인물이 없었어도 다른 누군가가 비슷한 혁명을 일으키며 다음 시대의 문을 열었을 겁니다.

이때 개인을 뛰어넘어 시대의 변화를 추동하는 보이지

않는 힘이 바로 시대정신입니다. 개인은 자신이 삶을 이끌어간다고 생각하지만, 사실 그는 보이지 않는 시대정신에 이끌리고 있습니다. 물론 미시적인 일상에서 내리는 선택은 자신의 의지라고 볼 수 있습니다. 하지만 장기적, 거시적으로는 시대정신이 세상의 변화를 만들어가고 있다는 게 헤겔의 믿음이었습니다.

우리가 살아가고 있는 21세기의 시대정신은 무엇일까요? 대표적으로 AI의 등장을 생각해볼 수 있습니다. 그동안 인간은 인간만이 이성을 가지고 고도의 지적 활동을 할 수 있다고 생각했습니다. 그런데 이제 AI가 새로운 후보로 부상하고 있죠. 이 AI 시대에도 몇몇 혁명적 인물들이 있습니다. 일론 머스크, 젠슨 황, 샘 알트먼 등이 있죠. 하지만 이들이 없었더라도 인류는 점차 AI를 발전시키는 방향으로 나아갔을 겁니다. AI는 인간 이외의 지적인 대화 상대가 될지도 모르고, 인간의 한계를 뛰어넘게 해줄지도 모르며, 지금의 사회 질서를 완전히 파괴해 버리고 새로운 질서를 출현시킬지도 모릅니다. 결과가 어떻게 되든 이 시대는 이제 새로운 단계로 나아가고자 꿈틀거리고 있는 것 같습니다.

세계를 변화시키는 철학

마르크스

유물론

요즘 물질주의라는 말을 흔하게 접할 수 있습니다. "걔는 너무 물질주의적이야"라고 말하면, 그 사람이 돈을 너무 밝히고 비싼 물건에 지나치게 많은 가치를 부여한다는 뜻이죠.

물질주의를 영어로 번역하면 어떻게 될까요? 물질이 'material'이고 주의가 '-ism'이니, 물질주의는 'material-ism'일 겁니다. 실제로도 영어사전에 이렇게 나와 있습니다. 그런데 'materialism'은 철학에서 '유물론'이라고 번역되기도 합니다. 유물론의 '유'는 '유일하다'는 뜻이고, '물'은 물질을 나타냅니다. 그렇다면 유물론과 물질주의는 같은 뜻일까요?

유물론에는 대표적으로 세 가지 뜻이 있습니다.

첫째로, 방금 살펴본 물질주의의 의미입니다. 내가 손에 쥘 수 있는 물질의 가치, 그리고 그 물질을 구매할 수 있는 돈의 가치를 최고로 삼는 사고방식이죠. 더 극단적으로는 오직 물질만이 유일하게 가치 있다고 생각할 수도 있습니다. 하지만 유물론의 의미는 이게 다가 아닙니다.

둘째는 세상에 존재하는 건 오직 물질밖에 없다고 보는 사고방식입니다. 이는 세상에 오직 정신만이 존재한다고 보는 유심론과 대비됩니다. 이 유물론을 지지하는 사람들은 우리가 경험하는 모든 현상이 근본적으로 물질로부터 생겨난다고 봅니다. 심지어 나의 감정, 꿈, 생각 같은 정신적 경험도 오로지 물질로부터 일어난다고 보죠. 만약 생물학적인 진화 과정이나 뇌의 활동 등을 모두 해명할 수 있으면, 우리의 정신적 경험에 대해 필요한 모든 설명을 얻게 된다는 겁니다.

이 관점에서 가장 우월한 학문은 물리학입니다. 물리학은 물질의 가장 근본적인 본성을 탐구하니까요. 그밖에, 물질을 초월한 신에 대해 논한다든지 인간이 반드시 따라야 할 윤리 법칙 같은 걸 생각한다든지 하는 활동은 모두 극단적인 유물론의 관점에서 진정한 의미의 학문적 탐구는 아닙니다. 신이나 윤리 법칙 같은 '정신적' 대상들은 어디까지나 인간의 물질적 조건으로부터 파생되어 나온 것에 불과합니다. 인간의 뇌가 활동하는 과정에서 신에 관한 생각이 나온 것이고, 여러 인간이 함께 살아가는 과정에서 윤리 법칙이 나왔을 뿐입니다. 그 물질적 과정을 추적하는 건 학문적 의미가 있습니다. 예를 들어 진화심리학자들은 인간이라는 생명체 종이 진화해온 과정을 통해 종교나 사회적 가치 등을 설명하려 합니다. 하지만 이 이상으로 나아가 정말로 신 같은 게 존재한다고 믿는 건 헛된 사고에 불과합니다.

둘째와 비슷하면서 약간 결이 다른 셋째 의미도 있습니다. 바로 '역사적 유물론'이라고 불리는 것입니다. 이 유물론은 주로 철학자 마르크스와 이어집니다. 역사적 유물론은 사회의 구조가 정신적 조건이 아닌 물질적 조건을 핵심 원인으로 해서 변화한다고 보는 견해입니다. 사회의 변화, 역사의 흐름은 학문적 지식이나 이성, 도덕 같은 걸 통해 일어나는 게 아니라, 먹고사는 삶의 실질적 조건에 기초해 일어난다는 겁니다.

마르크스는 사회의 혁명을 꿈꿨던 사람입니다. 꿈꿨다기보다는 혁명이 반드시 실현될 거라고 믿었다는 게 더 맞겠네요. 그는 사회의 체제가 어떤 모순을 심각하게 겪다 보면 자연스럽게 더 우월한 체제로 변화하는 혁명이 일어난다고 생각했습니다. 그가 살았던 19세기 유럽에서는 기술이 발전하고 자본주의 체제가 빠른 속도로 성숙하고 있었습니다. 그 과정에서 부자도 생겼지만, 많은 노동자는 열악한 환경에서 힘들게 일하면서도 가난에서 벗어나지 못했습니다. 생산물은 넘쳐나지만 가난한 사람은 아주 많은 모순적인 상황이었죠.

마르크스는 사회에서 특정한 모순이 계속 곪다 보면 자연스럽게 혁명의 분위기가 무르익다가 결국 어느 시점에 그 모순을 극복하는 거대한 혁명이 일어난다고 봤습니다. 마르크스가 당시 사회에서 일어날 것으로 예상했던 혁명은 공산주의 혁명이었습니다. 자본가와 노동자 사이의 차별이 철폐되고 자유로운 생산자들이 서로 연합해 풍부한 생산을 이뤄내는 사회, 평등과 풍요가 동시에 이뤄지는 사회가 된다는 거죠.

결과적으로 보면 마르크스의 예언은 실현되지 않았습니다. 공산주의 혁명이 일어나긴 했지만 성공하지는 못했습니다. 세계적으로 자본주의는 오히려 더욱 강력해졌습니다. 하지만 적어도 그가 제시했던 유물론적 시각, 즉 인간

역사가 앞으로 나아가는 데 있어서 물질적인 조건이 정신적 조건보다 훨씬 중요하다는 시각은 여전히 많은 사람의 지지를 받고 있습니다.

소외

집단에서의 소외, 소외계층, 소외감 등 '소외'는 일상에서 매우 자주 쓰이는 개념입니다. 그런데 철학에서는 약간 특수한 의미를 갖습니다. 일상의 의미와 아주 비슷하긴 하지만, 주로 쓰이는 맥락이 따로 있습니다.

소외는 마르크스와 그를 계승한 사람들이 많이 사용하는 말입니다. 마르크스가 창조한 말은 아니지만, 그에 의해 보편적 호소력을 갖게 됐습니다. 그가 사용했던 독일어 단어는 'Entfremdung'입니다. 물론 한국어 '소외'는 반드시 이 독일어 단어와 연결된 건 아닙니다. 하지만 철학에서 사용할 때만큼은 주로 이 'Entfremdung'을 번역한 경우일 때가 많습니다. 이는 '~으로부터 떨어져 나가다'라는 뜻의 'ent'와 '낯설다'라는 뜻의 'fremd'가 합쳐진 단어입니다. 이로써 소외의 기본적인 뜻은 '무언가로부터 떨어져 나가서 낯설게 됨'입니다.

소외 개념에서 가장 중요한 포인트는, 원래 나에게 속했던 게 이제는 더 이상 내 것이 아닌 것 같으며, 오히려 낯설게 느껴지는 데에 있습니다. 마르크스는 소외 중에서도 노동자의 소외에 대해 이야기합니다. 노동자는 자신의 노동력과 임금을 교환합니다. 시간과 에너지를 써서 무언가를 만들고, 그 대가로 자본가로부터 봉급을 받습니다. 이때, 봉급은 항상 노동자가 투입한 노동력보다 작을 수밖에 없습니다. 자본가도 이익을 챙겨야 하니까요. 노동자가 100만큼의 노동력을 투입했다면, 자본가는 가령 50 정도의 봉급만 주고 나머지 50을 자신의 이익으로 챙겨갑니다. 애초에 노동자는 자본가가 소유한 생산 시설에서 일하기 때문에, 이렇게 자본가가 이익을 떼어가는 것에 순응할 수밖에 없습니다.

자본주의 논리에서는 이런 현상이 당연하고 무척 정당해 보입니다. 하지만 한번 관점을 달리해보면 노동자가 억울해 보이기도 합니다. 노동자는 항상 자신이 열심히 일해서 만들어낸 결과물의 많은 부분을 챙겨가지 못합니다. 자기 자신으로부터 나온 산물이 온전히 자신에게 속하지 않는 겁니다. 아무리 자본가가 설비 투자를 했다고 해도 노동자에 비해 지나치게 많은 이익을 챙겨갈 때가 다반사처럼 보이기도 하죠. 이런 의미에서 마르크스는 노동자가 자신의 생산물로부터 소외된다고 주장했습니다. (우리에게 익숙한 자본주의적 관점에서 생각하면 이런 주장은 억지처럼 들립니다. 자본가는 노동자에게 애초에 계약한 대로 임금을 지급했으니까요. 이에 대해서는 관점에 따라 입장 차이가 많이 갈릴 수 있습니다.)

이에 더해, 마르크스는 노동자가 인간다운 창의성으로부터도 소외된다고 주장했습니다. 인간은 다른 동물들과 달리 매번 똑같은 행동을 반복하는 게 아니라 그때그때 조금씩 다른 활동을 추구하며 색다른 작업 방식을 발명할 창의성이 있습니다. 그런데 매일 똑같은 노동을 반복하도록 강요당하는 노동자는 이런 인간 본연의 능력을 발휘할 기회를 상실합니다. 그렇게 수동적이고 단조로운 기계 같은 삶으로 내몰립니다. 자신에게 원래 속했던 잠재력을 점점 잃으며, 자신에게 과연 그런 능력이 있는지조차 깨닫지 못하게 됩니다. 스스로의 능력을 낯설게 느끼는 처지, 즉 소외의 상황에 이르는 겁니다.

마르크스의 주장에 모든 사람이 반드시 동의하지는 않을 겁니다. 하지만 적어도 그가 말한 소외 개념의 기초적인 구조만큼은 분명한 호소력을 갖습니다. 철학에서는 소외 개념을 인간이 자기 자신의 잠재력을 스스로 먼저 낯설게 느끼도록 만들고 내몰리는 상황을 비판할 때 많이 사용합니다.

요즘의 예시를 한번 생각해보죠. 과거 인간은 주변 사람들과 가깝게 상호작용하며 여러 생생한 감정을 느꼈습니다. 그런데 요즘은 인터넷과 SNS가 발달하면서, 얼굴을 맞댄 친밀한 교류가 많이 줄어들었습니다. 이 현상에 대해, 인간이 인간적 교류에 대한 스스로의 잠재력으로부터 소외되었다고 해석할 수 있습니다.

○

극복하는 마음

쇼펜하우어, 니체

의지

보통 의지는 어떤 목표를 향한 정신적 힘을 가리킵니다. 의지가 강한 사람은 다른 욕망이나 주변의 방해에도 굴하지 않고 목표를 향해 정진합니다.

　서양철학에서 의지를 가장 처음 주제적으로 강조한 인물은 아리스토텔레스였습니다. 그는 인간의 행위 중에는 자발적voluntary 행위와 비자발적involuntary 행위가 있다고 생각했습니다. 그런데 이때 'voluntary'의 어원에 해당하는 라틴어 'voluntas'는 영어의 'will'과 어원을 공유합니다. 서구권 언어에서 'w'와 'v'는 서로 같은 기원을 나타낼 때가 많습니다. 영어의 'will'과 뜻이 똑같은 독일어 단어 'Wille'는 영어 'v' 발음을 살려 '빌레'라고 읽습니다. 그리고 'will'

은 한국어로 '의지'로 번역됩니다. 의지를 뜻하는 프랑스어 'volonté'에서는 'voluntas'의 흔적을 직접적으로 확인할 수 있습니다. 즉, 아리스토텔레스가 말한 자발적 행위와 비자발적 행위는 다르게 표현하면 의지적 행위와 비의지적 행위입니다.

그가 말한 의지적 행위란, 무언가를 알고 그것을 추구하면서 행위하는 걸 뜻합니다. 예를 들어 약을 먹으면 감기가 낫는다는 걸 알고, 감기를 낫게 하려고 감기약을 먹었다고 해봅시다. 이는 의지적 행위에 해당합니다. 반면, 감기약인 줄 알고 먹었는데 알고 보니 소화제였다고 해봅시다. 이 경우 소화제를 먹은 행위는 비의지적 행위에 해당합니다. 소화제를 먹는 걸 의지했던 건 아니니까요.

아리스토텔레스가 말하는 의지는 우리가 일상적으로 사용하는 뜻과 거의 일치합니다. 목표를 향한 개인의 정신적 힘, 몸이 목표를 향해 움직이도록 하는 정신의 방향성을 의미합니다. 하지만 현대에 접어들면서, 철학에서 의지는 이와 매우 다른 의미로도 쓰이게 됩니다. (개인의 정신적 힘으로서의 의지에 대해 더 궁금하신 분은, 앞에 나왔던 '주의주의' 부분을 참고하시면 좋습니다.)

19세기 독일 철학자 아르투어 쇼펜하우어Arthur Schopenhauer는 《의지와 표상으로서의 세계Die Welt als Wille und Vorstellung》라는 기념비적 저작을 썼습니다. 이 책에서 그는 의지 개념을 매우 독특하게 사용합니다. 책 제목에 나타나 있듯 그는 이 세계가 곧 의지라고 주장했습니다.

일반적으로 의지는 한 개인 안에 들어 있는 것으로 생각된다는 점을 고려해봤을 때 세계가 의지라는 주장은 매우 파격적으로 들립니다. 이 독특한 주장은 이후 현대철학의 시초격인 니체에게 엄청나게 심대한 영향을 끼쳤고 현대철학의 발전 과정에서 하나의 커다란 흐름을 만들었습니다.

쇼펜하우어는 이전 세대 철학자였던 칸트의 영향을 받아 인간은 항상 특정한 형식, 틀에 따라 이 세계를 인식한다고 생각했습니다. 가장 기초적인 틀은 시간, 공간, 인과성입니다. 모든 인간은 세계를 마주할 때 시간과 공간 안에서, 그리고 인과 법칙에 따라 온갖 사물이 움직이고 현상이 나타나는 걸 경험합니다.

카페의 테이블 위에 커피가 한 잔 놓여 있다면, 그건 이를테면 오후 1~2시의 시간 동안, 테이블 위라는 공간 안에서 존재합니다. 그리고 커피가 그곳에 그렇게 존재하는 이유는 제가 커피를 구매해서 그곳에 올려놨기 '때문'입니다. 즉, 특정한 인과관계의 사슬에 따라 커피는 그렇게 존재하고 있습니다. 물론 커피뿐만이 아닙니다. 쇼펜하우어는 세계를 이루고 있는 모든 것이 이런 식으로 시공간과 인과성의 형식에 따라 인간에게 나타난다고 생각했습니다. (이와 관련해서는 이 책의 '선험' 부분을 읽어 보시면 도움이 됩니다.)

그렇다면 우리는 인간의 인식틀로부터 자유로운, 그 형식에 의해 포착되기 '이전'의 세계의 상태를 상상해볼 수 있습니다. 여기서 '이전'이라는 표현은 엄밀히 말해 적절한 표현은 아닙니다. '이전'은 시간적 의미를 가지는데, 쇼펜하우어는 시간 자체가 인간이 세계를 경험하는 틀이라고 생각했으니까요. 하지만 비유적 의미로 상상해봅시다. 과연 인간에 의해 포착되기 이전에 카페 테이블 위의 커피는 어떻게 존재하고 있을까요?

인간이 그것을 인식하기 이전 차원에서도 분명히 무언가가 존재하겠죠. 인간적 형식이 모두 걷어내어졌기에 그걸 어떻게 불러야 할지조차 난감하지만, 어쨌든 아마도 무언가가 존재할 겁니다. 그리고 더 나아가 이 세계 전체, 이 우주도 존재할 겁니다. 다만 우리가 아는, 과학 시간에 배우는 그 시공간의 우주는 아니겠죠. 그저 인간의 인식틀을 뛰어넘는 완전한 원초적 세계라고밖에 말할 수가 없을 겁니다. 물론 인간의 경험 이전에 세계는 결코 존재하지 않는다는 철학적 입장도 가능합니다. 하지만 여기서는 잠시 넘어갑시다. (이와 관련해서는 이 책의 '관념론' 부분을 참고하시기 바랍니다.)

원초적 세계는 시공간적 구별을 초월하며, 그 어떤 인과적 관계로도 설명되지 않을 겁니다. 이런 형식들은 모두 인간이 세계를 인식하는 틀일 뿐이니까요. 원초적 세계에는 과거와 미래 사이의 구별이 없으며, 이곳과 저곳 사이의 구별도 없습니다. 가까움과 멂도 없고, 기억과 예지 사이의 차이도 없습니다. 원인과 결과 역시 나뉘어 있지 않습니다. 그야말로 모든 것이 서로 불분명하게 뒤섞여 있으며, 그 어떤 언어로도 정확히 표현될 수 없습니다.

쇼펜하우어는 바로 이 정체불명의 무언가를 의지라고 불렀습니다. 그가 말하는 의지는 그저 흐릿하고 불분명한 방향성일 뿐이며, 그 이상의 어떤 명확한 규정도 갖지 않습니다. 그리고 그 흐릿한 방향성에 대해서조차 우리가 제대로 알 수 있는 건 아무것도 없습니다. 우리가 안다는 것 자체가 이미 인간의 형식을 거치는 거니까요. 의지는 그저 우리가 아는 모든 것이 탄생하고 소멸하도록 '하는' 무언가일 뿐입니다. 바로 이 '~하도록 한다'는 의미에서 쇼펜하우어는 이것을 의지라고 불렀습니다. 일상적 의미에서 의지는 우리가 무언가를 하도록 하는 힘입니다. 마찬가지로, 쇼펜하우어가 말하는 의지는 이 세상의 모든 게 나타나도록 하는 무언가입니다. 그게 뭔지 더 이상 정확히 인식할 수는 없고요.

하지만 쇼펜하우어는 인간은 분명 어렴풋한 느낌을 통해 이 의지의 존재를 느낄 때가 있다고 봤습니다. 우리가 평상시 당연하게 받아들이고 있는 인식의 틀에 균열이 생기고, 그 사이로 이 세계 자체, 의지 자체를 감지할 때가 있다는 겁니다. 그렇기에 철학자가 그에 대해 논할 수 있는 거고요.

쇼펜하우어는 천재적인 예술가들이 바로 이 의지를 감지하는 것에 특별히 예민한 사람들이라고 주장했습니다. 그들은 의지를 어떻게 정확히 표현해야 할지는 모르지만, 어떻게든 기존의 인식틀을 깨고 가장 원초적인 세계의 진실을 표현하려 합니다. 우리가 훌륭한 예술작품을 감상할 때 세계가 확장되는 듯한 느낌을 받는 이유가 바로 여기에 있습니다.

천재적인 예술은 세계가 평소 우리에게 보이는 대로 존재하는 건 아님을 보여줍니다. 원초적 세계에서는 모든 규정이 무력화된다는 걸 드러냅니다. 그래서 위대한 예술 앞에서는 우리에게 일상적으로 소중하게 보이던 부나 명예, 안락함, 온갖 자질구레한 일들이 덧없게 느껴집니다. 무규정적이고 무차별적인 의지 앞에서는 가진 자와 가지지 못한 자, 행복한 자와 불행한 자 사이의 차이가 모두 무의미해지니까요.

표상

많은 철학 입문자를 혼란에 빠뜨리는 표상이라는 단어가 있습니다. 일상적으로 거의 쓸 일이 없는 단어이기에 괜히 더 난해하게 느껴집니다. 한국어의 표상은 '바깥 표表'와 '모양 상象'이 합쳐진 단어입니다. 즉, 겉으로 드러난 모양을 뜻합니다.

독일어로 표상은 'Vorstellung'입니다. 'vor'는 '앞'을 뜻하고, 'stellung'은 '세우는 것'을 뜻합니다. 따라서 표상은 '앞에 세우는 것'을 뜻합니다. 또한 영어에서 표상은 'representation'입니다. 're'는 '다시'를 뜻하고, 'presentation'은 본래 어원적으로 '앞에 놓는 것'이라는 뜻입니다. 즉, 영어의 'representation'은 '다시 앞에 놓는 것'을 의미합니다. 이를 좀 더 풀어볼까요?

어떤 대상이 실제로 세계에 존재할 때 우리는 그게 1차적으로 존재한다고 말할 수 있습니다. 가령 지금 글을 쓰는 제 앞의 컴퓨터는 1차적으로 존재합니다. 그런데 제가 이 1차적으로 존재하는 컴퓨터를 인식할 때는 그걸 직접 인식하는 게 아니라 어디까지나 저의 의식에, 저의 시각의 장에 컴퓨터의 모습을 세워둠으로써 인식합니다. 직접적으로 컴퓨터와 연결되는 게 아니라, 컴퓨터의 모습을 투사해서 제 앞에 세우는 겁니다. 마치 빔프로젝터가 벽에 화면을 쏘듯이요.

이런 의미에서 '제 의식에 나타난 컴퓨터'는 실제의 1차적인 컴퓨터와 달리 2차적으로 존재한다고 말할 수 있습니다. 이렇게 우리의 의식에 세워진 어떤 대상의 2차적인 모습을 철학에서는 표상이라고 부릅니다. 이런 의미에서 영어의 표상 개념에서는 반복을 뜻하는 're'가 들어간 겁니다. 표상은 근원적인 대상의 복제물입니다.

기억 또한 표상의 한 종류입니다. 제가 어렸을 때 살던 집의 모습을 기억할 때, 그 집의 1차적 존재와 직접 관련을 맺는 게 아니라 그 집의 2차적 모습을 제 머릿속에 세워놓습니다.

철학자 쇼펜하우어는《의지와 표상으로서의 세계》에서

우리는 항상 표상으로서의 세계만을 확실히 경험할 뿐이라고 주장했습니다. 우리는 세계를 경험할 때, 우리에게 보이는 모습이 세계의 '진짜' 모습이라고 자주 생각하지만, 사실 우리의 경험에 나타나는 건 어디까지나 세계의 표상일 뿐이라는 겁니다. 그는 철학이란 우리에게 익숙한 표상의 모습에 대해 의심하고, 표상이 나타나도록 하는 구조를 탐구하며, 그 이상의 가능성에 대해 질문하는 활동이라고 봤습니다.

표상을 의심하는 사고는 현대 지성의 발전에 여러 각도에서 중대한 영향을 끼쳤습니다. 대표적으로, 물리학자 아인슈타인은 상대성 이론을 발전시키는 과정에서 쇼펜하우어 철학에 영향을 받은 것으로 알려져 있습니다. 그 이전의 고전 물리학은 우리 눈에 보이는 시공간의 일상적 겉모습에 충실했습니다. 반면 아인슈타인은 시공간 자체를 처음부터 새로운 각도에서 바라보려 했습니다.

또한 문화와 철학 분야에서 니체는 우리에게 진실처럼 '보이는' 것이 정말 진실은 아닐 수도 있다는 점을 깊이 파고들었습니다. 그는 당대에 당연해 보이던 도덕, 종교, 인간의 정체성을 모조리 의심했습니다. 그 이후로 표상을 의심하는 사고는 현대철학에서 하나의 거대한 줄기를 이루게 됩니다. 만약 어떤 현대철학적 주장이 너무 난해하게 느껴진다면, 한번 자신이 어떤 표상을 당연하게 받아들이고 있는 게 아닌지 의심해볼 필요가 있습니다. 그동안 특정한 사고와 인식의 틀을 당연시하는 데 너무나 익숙해진 나머지 그것에서 빠져나가는 사고를 전혀 못 하고 있는 게 아닌지를요.

초인

초인은 현대철학의 시발점으로 평가받는 니체Friedrich Wilhelm Nietzsche를 통해 유명해진 개념입니다. 한국어에서 초인은 주로 엄청나게 강력한 능력을 발휘하는 인간을 의미하는데요. 신체적 능력이나 의지력이 엄청나게 강해서 보통 사람들은 상상하기 어려운 성취를 이룰 때 '초인적인 힘'을 발휘한다고 말합니다. 하지만 니체가 말한 초인 개념을 이해하기 위해서는 이런 일상적인 초인 표현에서 약간 벗어나 생각해야 합니다.

일상에서 초인 개념을 쓸 때, 우리는 주로 '특정한 기준'을 정해놓고 그걸 바탕으로 능력을 평가합니다. 예를 들어서, 일반적인 학생들은 하루에 6~9시간 정도 자야 하는데,

매일 2시간만 자고 공부하는 학생들이 있습니다. 그야말로 초인적이라고 말할 수 있습니다. 이때, 우리는 수면시간을 기준으로 삼아 그것의 많고 적음을 바탕으로 인간의 능력을 평가하고 있습니다. 하나의 기준에서 누가 더 뛰어난 능력을 보이는지를 따지는 거죠. 100미터를 9초에 주파한 사람이 있다면, 엄청난 초인이라고 평가해야 할 겁니다. 이때도 그 사람을 초인이라고 부르는 이유는 달리기 속도라는 기준에서 다른 사람들을 훌쩍 넘어서기 때문입니다.

하지만 니체가 말하는 초인은 기준 자체를 넘어선 인간을 뜻합니다. 하나의 정해진 기준에서 남보다 우월한 사람을 의미하는 게 아니라, '자기 스스로가 자신의 기준을 세울 수 있는 인간'이 바로 니체가 말하는 초인입니다.

니체가 살았던 19세기 유럽에서는 대중사회와 민주주의가 급속도로 발전하고 있었습니다. 귀족 문화가 시들시들해지고, 다수의 '평범한' 사람들이 목소리를 많이 내기 시작했습니다. 민주주의에서는 다수결 원칙이 중요하게 받아들여졌는데, 이때 투표권은 개인의 능력에 상관없이 일정 조건을 충족하는 다수의 사람들에게 보장됐습니다. 예를 들어서, 1832년 영국에서는 법이 개정되면서 전체 남성의 15~20퍼센트 정도가 선거권을 보장받게 됐습니다. 그

후 19세기를 거치면서 점차 많은 사람들이 투표권을 얻기 시작했습니다. (여성이 참정권을 얻은 건 많은 나라에서 20세기에 이르러서였지만요.)

민주주의 체제에 익숙한 우리의 관점에서 보면 당시 이런 사회적 변화는 아주 긍정적인 현상이었던 것 같습니다. 하지만 니체는 그렇게 생각하지 않았습니다. 그는 그런 흐름을 오히려 문명이 쓰러져가는 징조로 해석했습니다. 그 이유를 이해하기 위해서는 그가 생각했던 세계와 생명의 근원적 모습을 살펴봐야 합니다.

니체는 세계를 힘을 향한 의지들이 서로 뒤엉켜서 갈등하고 투쟁하는 곳으로 봤습니다. 생명이란 근본적으로 주변의 환경을 극복하고 주변의 대상을 복속시키며 자신의 의지를 실현해나가는 것입니다. 따라서 생명 활동의 밑바탕에는 항상 갈등과 투쟁이 놓여 있습니다. 서로 다른 생명체는 각자 자신이 살아남고자 주변 환경과 대결합니다. 니체는 이 아이디어를 철학자 쇼펜하우어의 영향을 받아 생각해냈습니다. (이 책의 '의지' 부분을 참고하시면 도움이 될 겁니다.)

니체는 당시 사람들이 생명 활동의 기초를 떠받치고 있는 갈등과 투쟁의 역할을 점차 망각하고 있다고 분석했습니다. 대중사회에서는 모든 인간의 평등과 다수의 지배를 좋은 것으로 취급합니다. 니체가 보기에 당시 사람들은 모든 인간은 그 자체로 소중하며 하늘이 부여한 권리를 갖는다고 말하면서 웬만하면 갈등을 피하고 평화적으로 기존 상태에 남아 있는 걸 선호하고 있었습니다. 그로써 더욱 훌륭하고 강력한 생명체가 되기 위해 분투하는 자세로부터는 멀어지고 있었고요. 이런 맥락에서 니체가 주창했던 게 바로 초인의 아이디어였습니다.

니체는 인간은 그 자체로 존중받을 만한 존재가 아니라고 생각했습니다. 그는 인간은 매 순간 자신을 새롭게 창조하며 이전의 자신을 뛰어넘어야 하는 존재라고 봤습니다. 그는 인간은 그 자체로 최종적인 상태로 존재하는 게 아니며, 언제나 더 나은 인간, 즉 초인이 되기 위한 중간다리로서 존재한다고 믿었습니다.

초인을 향해 나아가는 인간은 근원적인 생명의 에너지가 요동치며 나타나는 갈등과 투쟁을 회피하지 않습니다. 현대사회를 살아가는 대부분 인간은 시스템에 길들여진 채 주변이 요구하는 기준에 자신을 맞추며 평화롭게 살아갑니다. 겉보기에는 나름대로 경쟁하며 사는 것 같지만, 진정으로 자신의 에너지를 발산하고 확립하기 위해 투쟁하는 경쟁은 아닙니다. 오히려 기존 사회의 기준에 더 부합하는 사람이 되기 위해 애쓰는 겁니다.

니체가 보기에 현대인의 노력은 어디까지나 순응적인 노력이었습니다. 그렇게 수동적으로 살아가면서 사람들은 점차 갈등과 투쟁을 본질로 하는 생명의 에너지를 잃어가고 있었습니다. 니체는 대부분 사람이 그렇게 생명력을 잃으며 살아가더라도, 소수의 탁월한 사람들만큼은 시대적 분위기를 극복하고 자신이 스스로 운명의 창조자가 되어야 한다고 생각했습니다. 초인은 주변의 힘에 잡아먹히지 않고, 오히려 주변을 상대로 대결하며 자신의 힘을 드러내고 입증합니다. 생명의 에너지에 충실하게 사는 인간은 자연스럽게 초인의 모습에 가까이 다가갑니다.

한 가지 중요한 점을 생각해볼 수 있습니다. 니체의 주장에 감명을 받고 초인처럼 살려고, 그의 책을 열심히 탐독하며 모든 내용을 받아들이고 거기에 따라 살려고 한다면 어떨까요? 그러면 초인이 될 수 있을까요? 역설적으로, 그건 가장 초인답지 못한 삶일 겁니다.

니체가 바랐던 건 주변 환경이 아무리 자아를 억압해도 결코 굴하지 않고 자신의 기준을 창조하는 사람이었습니다. 니체가 말한 대로 따라 사는 사람은, 오히려 남의 말에

고분고분 순응하는 사람에 가깝습니다. 자신이 진정한 주체가 되어 운명을 창조하는 사람과 거리가 멉니다. 니체의 초인 사상을 접할 때는 거기에 잡아먹히지 않도록 조심해야 합니다.

○

무엇이 좋은 것인가?

벤담, 밀

공리주의

공리주의는 현대 윤리학에서 가장 큰 영향력을 발휘하고 있는 이론 중 하나입니다. 공리주의는 쉽게 말해 공리를 기준으로 윤리적 옳고 그름을 판단해야 한다고 보는 윤리학적 입장입니다. 일반적으로 공리주의자들이 생각하는 공리란 사회 구성원들의 쾌락의 총합에서 고통의 총합을 뺀 것입니다. 예를 들어서, 사회가 100명의 사람들로 이뤄져 있고 각 사람이 10만큼의 쾌락을 느끼고 5만큼의 고통을 느낀다면, 쾌락의 총합은 1,000이고 고통의 총합은 500이므로, 공리는 500이 됩니다.

여기서 쾌락은 모든 종류의 '좋은 느낌'을 뜻합니다. 한국어에서 쾌락이라는 개념은 부정적인 어감이 약간 있지만, 영어의 'pleasure'는 반드시 그렇지는 않습니다. 쾌락은 그냥 철학에서 많이 사용되는 번역어로, 한국어의 어감과 다르다고 이해하시면 편합니다. 어버이날에 부모님께 선물을 드리면서 느끼는 건전한 즐거움도 철학에서는 일종의 쾌락입니다.

공리주의는 쾌락과 고통을 계산한 결과를 바탕으로 도덕적 평가를 내려야 한다고 이야기합니다. 아주 단순화해서 계산하자면, A 지역에 공장을 지을 경우 그 공장 주변에 사는 사람들에게는 500만큼의 고통이 생겨나지만 사회 전체적으로는 600의 쾌락이 생겨난다고 해봅시다. 그러면 그 공장을 짓는 일은 도덕적으로 정당한 일이 됩니다. 만약 공리주의적 입장에서 이 공장 건설 건이 부도덕하다는 걸 밝히고 싶다면 다른 사람들이 인정할 만한 계산 과정을 보여주면서 실제로는 쾌락보다 고통의 총합이 더 크다는 걸 보이면 됩니다.

만약 그렇지 않고 '인권'이나 '평등' 같은 개념을 끌고 오면서 '차가운 계산 결과와 상관없이 이 일은 옳지 않다!'고 주장한다고 해보죠. 이러면 공리주의적 접근방식과는 거리가 멀어지게 되는 겁니다. 공리주의에서는 언제나 차가운 계산이 도덕적 판단의 기초가 돼야 합니다.

공리주의를 출발시킨 사람은 18세기 영국의 철학자 제러미 벤담Jeremy Bentham입니다. 벤담은 소위 쾌락주의적 공리주의라고 불리는 사상을 내놓았습니다. 그는 인간의 본성에 관해 다음과 같이 말했습니다. "자연은 인간이 두 왕에게 지배당하도록 만들어놓았다. 고통과 쾌락이다. 오직 이 둘만이 우리가 무엇을 해야 마땅한지 알려주고, 우리가 무엇을 해야 하는지 규정할 수 있다." 이 말을 통해 벤담은 인간 존재의 원리를 단순화합니다. 그는 인간이 쾌락을 최대화시키고 고통을 최소화하는 방향으로 살아야 한다고 봤습니다.

그런데 인간 사회는 나 혼자서만 살아가는 곳이 아니죠. 만약 나 혼자만 있었다면, 내 쾌락을 최대화하고 내 고통을 최소화하는 게 나에게 좋은 것이었을 겁니다. 하지만 이 사회에서는 여러 사람이 함께 살아가므로 공공의 기준인 도덕에 대해 논할 때는 내 행복만 생각할 수 없고 다른 사람들의 행복까지 함께 계산해야 합니다. 그래서 벤담의 공리주의 사상에서는 '최대 다수의 최대 행복'이 도덕의 기준이 됩니다.

공리주의는 결과주의의 일종으로 평가됩니다. 결과주의란 결과를 기준으로 도덕적 옳고 그름을 판단해야 한다고 보는 입장입니다. 우리가 평상시 도덕적 판단을 내릴 때는 결과 말고도 많은 것을 고려합니다. 의도, 동기, 정황 같은 것이 모두 평가 요소죠. 그런데 결과주의적 입장에서는 그런 것들을 고려하지 말고 오직 결과에 의해서만 평가해야 한다고 봅니다. 공리주의도 마찬가지입니다. 사회구성원들의 쾌락이 얼마나 늘고 고통이 얼마나 주느냐를 기준으로 해서만 도덕적 판단을 내려야 한다는 거죠. 이게 공리주의의 독특한 점이고, 벤담의 동시대 사람들은 이런 입장을 놀라워했습니다.

얼핏 보면 결과주의를 표방하는 공리주의 사상은 너무 차가워 보이지만, 공리주의 팬들은 이 차가움을 장점으로 생각합니다. 오직 결과만을 고려하기 때문에 오히려 선입견에서 벗어날 수 있다는 생각입니다. 예를 들어 벤담은 동성애 행위에 대해 당대 사람들이 가졌던 거부감을 지적했습니다. 사람들은 자신의 거부감을 근거로 도덕적 판단을 내리려 하는데, 사실 그것은 다소 개인적인 감정일 뿐이어서 도덕의 기초가 될 수 없습니다. 벤담은 사적인 느낌을 넘어서서 공리를 객관적으로 계산함으로만 행위에 대한 정확한 도덕적 평가를 내릴 수 있다고 봤습니다. 여기에는 나름 간결한 면모가 있죠.

또한 공리주의는 상황의 변화에 유연하게 대응할 수 있다는 장점도 있습니다. 가령 '거짓말을 하면 안 된다'라는 도덕적 주장은 일면 타당해 보입니다. 하지만 삶의 맥락은 항상 변화무쌍해서, 착한 거짓말을 할 때도 있습니다. 공리주의에서는 이런 도덕의 가변성을 쉽게 처리할 수 있습니다. 만약 공리가 더 커진다면 착한 거짓말일 테고, 공리가 더 작아진다면 나쁜 거짓말일 테니까요. 공리주의에서는 미리 어떤 절대적인 법칙이나 가치를 정해놓지 않고 계산을 통해 판단을 내리기 때문에 상황이 바뀌어서 계산 결과가 바뀌면 도덕적 판단도 달라집니다.

하지만 이런 가변성을 단점으로 보는 입장도 있습니다. 일부 비판자들은 공리주의가 도덕을 수단화시킨다고 주장합니다. 자유, 평등, 인권 등 인간 삶에서 절대적으로 지켜져야 할 가치를 부정하고, 도덕을 그저 쾌락이라는 목적을 이루기 위한 수단으로 떨어뜨린다는 거죠. 때로는 어떤 숭고한 가치를 위해 쾌락을 희생해야 할 때도 있는데 공리주의는 이런 점을 도외시한다는 겁니다.

공리주의의 또 다른 고질적 문제점은 '계산 문제'입니다. 어떤 행위를 할 때마다 그 결과를 계산해야만 옳고 그름을 판단할 수 있다면, 우리 삶이 무척 번거로워질 겁니다. 사실 매번 결과를 계산하는 건 불가능합니다. 그랬다가 계산만 하느라 온종일 시간을 다 써서 다른 행동을 할 수가 없을 겁니다. 벤담도 이 문제를 잘 알고 있었습니다. 그래서 그는 일상에서는 전통의 권위를 따라야 한다고 주장했습니다. 전통 도덕은 오랫동안 축적된 지혜를 바탕으로 어떤 행위가 공동체에 득이 되는지 대략적으로 잘 가려내고 있으니까요. 만약 전통에 문제점이 보인다면, 그 부분에 대해서 공리주의적 계산을 통해 보완하면 됩니다.

질적 공리주의

벤담이 내놓았던 공리주의의 계산기준은 어떤 행위가 초래하는 쾌락 혹은 고통의 강도, 지속시간, 확실성(쾌락 혹은 고통을 얼마나 확실히 낳는가), 인접성(쾌락 혹은 고통을 얼마나 직접적으로 낳는가), 확산성(비슷한 쾌락이나 고통을 파생적으로 얼마나 낳는가), 순수성(쾌락과 고통이 얼마나 섞이지 않았는가), 규모(사람 수)등이 있습니다.

이 기준은 모두 다 양적입니다. 개개인이 느끼는 고유의 감성 같은 건 도외시하고, 순전히 추상적인 숫자로 다뤄질 수 있는 쾌락과 고통의 양만을 도덕적 평가의 기준으로 삼습니다. 그래서 벤담의 공리주의 계산은 참 냉정하다는 인상이 들죠.

이 점을 비판적으로 생각했던 벤담의 후계자 존 스튜어트 밀John Stuart Mill은 공리주의 계산에 쾌락과 고통의 양뿐만 아니라 질까지 포함시켜야 한다고 주장했습니다. 이런 입장을 가리켜 질적 공리주의라고 부르죠. 그렇다면 질이란 과연 무엇일까요?

밀은 이런 말을 한 것으로 유명합니다. "만족한 돼지보다 불만족한 인간이 되는 것이 더 낫다. 만족하는 바보보다 불만족한 소크라테스가 되는 것이 더 낫다." 밀이 보기에 인간에게는 다른 동물보다 훨씬 더 뛰어난 능력이 있습니다. 하나는 지적인 능력이고, 다른 하나는 사회적 능력입니다.

인간은 위대한 정신적 성취를 이룰 수 있습니다. 과학을 연구하거나, 인간의 본성에 대해 종교적 성찰을 하거나, 감동적인 음악을 만드는 것 등이 대표적입니다. 또한 인간은 단지 개인의 행복만 위하는 게 아니라, 주변 사람들과 함께 어울리면서 사회의 발전을 위해 노력할 수 있죠. 밀은 지적 활동과 사회적 활동을 하면서 얻는 즐거움은 단순 신체적인 쾌락보다 더 질이 높다고 주장했습니다.

만약 단순히 양만 계산한다면 평생 마사지를 받는 듯한

편안한 감각을 계속 느끼면서 사는 게 가장 행복한 삶일지도 모릅니다. 사회의 모든 구성원이 그런 몽롱한 상태에서 살아가는 게 가장 이상적인 사회일 수도 있고요. 한번 상상을 해봅시다. 어떤 알약이 있어서, 그걸 먹으면 평생을 몽롱한 감각적 쾌락 속에서 보낼 수 있습니다. 대신 지적인 성취나 사회적 교류는 이룰 수 없습니다. 그렇다면 이 약을 먹는 게 공리주의적으로 옳은 걸까요?

쾌락의 양만 고려한다면 이 약은 도덕적으로 최고의 약일지도 모릅니다. 하지만 밀은 이런 단순한 감각적 쾌락은 아무리 양이 많더라도 지적인 쾌락이나 사회적인 쾌락을 완전히 대체할 수는 없다고 생각했습니다.

밀의 질적 공리주의는 공리주의가 쾌락을 지나치게 앞세운 나머지 인간으로서 절대적으로 지켜야 할 가치를 도외시한다는 문제점을 보완해줍니다. 다만 과연 질을 어떻게 평가할 것인지, 질과 양을 어떻게 동시에 계산할 것인지는 참 복잡한 문제가 돼버리지만요.

5장

그럼에도 우리는 나아간다

. . .

'이대로 괜찮을까?' 하는 생각이 불현듯 들 때가
있습니다. 지금까지는 그래도 잘해온 것 같은데,
앞으로 이렇게 계속해도 괜찮을까요?
학문과 기술이 발전하고 사회가 복잡해지면서
인간의 힘은 날로 커졌습니다. 하지만 너무 큰 힘은
스스로까지 잡아먹을 수 있습니다. 이제 철학은
우리가 단순히 앞으로 나아갈 고민을 하는 게 아니라,
뒤를 돌아보게 합니다. 자멸하지 않기 위해 인간과
세계에 대해 비판적인 생각을 치열하게 이어나갑니다.

비판의 철학

호르크하이머

이성

철학에서 가장 이해하기 어려운 개념 가운데 하나가 이성입니다. 철학책을 읽다 보면 너무나 자주 등장하는 단어인데, 그 의미는 꽤 다양합니다.

기본적으로 이성의 근본적 의미는 '언어'에 있습니다. 서양철학에서 이성을 가리키는 가장 오래된 전통적 개념은 로고스입니다. 로고스는 본래 말, 대화, 이야기 등을 뜻하는 그리스어입니다. 인간은 복잡한 언어를 능숙하게 사용한다는 점에서 다른 동물들과 구별됩니다. 우리가 평상시 내리는 고등적인 판단은 언어에 의존합니다. 예를 들어서, 강아지는 맛있는 음식이 있으면 그걸 원하고, 먹습니다. 반면 인간은 그 음식을 두고 언어를 통해 여러 생각을 할 수 있습니다. '저거 엄청 맛있게 생겼네. 그런데 냄새가 좀 특이해. 상한 거 아닐까?' 이런 생각을 하면서, 이 내용을 명확하게 타인에게 전달할 수 있습니다. 이런 명확한 의사소통에 기초해 토론을 이어나갈 수도 있습니다.

그리고 언어적 문장은 논리적으로 따지는 게 가능하다는 특징을 갖습니다. 단순히 직감대로 판단을 내리고 끝나는 게 아니라, 문장 사이의 연결 관계를 살피면서 과연 논리가 옳은지 따져볼 수 있습니다. 가령 배고픈 느낌 자체에 대해서는 아무런 논리를 따질 수가 없습니다. 반면 '저 아이는 배가 고프다'라는 문장에 대해서는 논리를 따져보는 게 가능합니다. 그래서 논리를 가리키는 영어 단어 'logic'은 로고스와 같은 어원을 갖습니다. 이렇게 이성은 논리를 다루는 능력과 연결됩니다.

여기까지는 전혀 어려울 게 없습니다. 우리가 평상시 사용하는 이성의 용법과 별로 다르지 않습니다. 그런데 문제는 철학자들 중에 '세계에 이성이 있다'고 말하는 사람들이 있다는 겁니다. 대표적으로 헤겔은 세계의 역사가 이성이 자기 자신을 완성해가는 과정이라고 말했습니다. 도대체 무슨 의미일까요? 이성은 분명 각 사람에게 속한 능력인 것 같습니다. 주체가 없어지면 이성도 사라집니다. 그런데 세계에서 이성이 스스로를 완성한다니, 도대체 무슨 뜻일까요? 이성이 생명체라도 된단 말인가요? 문제는, 헤겔 이외에도 많은 철학자들이 이성을 마치 개인을 뛰어넘는 무언가인 것처럼 말한다는 겁니다. 철학책을 읽으면서 겪는 많은 어려움은 바로 이 알쏭달쏭한 이성 개념의 용법에서 생겨납니다.

20세기 중엽, 철학자 막스 호르크하이머Max Horkheimer는 비판철학이라는 분야를 개척해 활발히 활동했습니다. 그는 전통적으로 이성 개념에는 주관적 이성과 객관적 이성의 의미가 섞여 있다고 주장합니다. 주관적 이성은 앞서 살펴봤던 것처럼 한 주체가 언어를 통해 사물의 이치를 논리적으로 따져보는 능력을 가리킵니다. 반면, 객관적 이성은 한 개인의 주관적인 차원을 뛰어넘어 존재하는 객관적인 법칙이나 원리를 뜻합니다. 헤겔이 말했던 이성은 말하자면 객관적 이성에 해당합니다.

얼핏 들으면 객관적 이성은 무슨 종교적 미신 같기도 합니다. 하지만 과학 법칙을 생각해보면 그 의미를 잘 이해할 수 있습니다. 우리는 이 우주가 과학법칙의 지배를 받는다는 사고에 익숙합니다. 지구상의 생명체든, 태양이든, 헤아릴 수 없이 멀리 떨어진 곳의 블랙홀이든, 아마도 모두 똑같은 물리법칙의 지배를 받을 겁니다. 이 세계는 그저 아무렇게나 존재하는 게 아니라 어떤 일관된 원리, 흐름에 따라 존재합니다. 그 원리는 어쩌면 논리정연한 언어적 문장을 통해 표현될 수 있을지도 모릅니다. 과학자들은 오늘날에도 세상의 원리를 논문으로 정리하거나 수식으로 표현하려고 노력하고 있습니다.

이 점에서 세계와 인간에게는 똑같이 이성이라고 불릴 만한 것이 존재한다고 생각할 수 있습니다. 이 세계가 흐르도록 하는 어떤 원리가 있을 것이며, 그 원리에 합치한 사고가 바로 인간의 이성적인 사고입니다. 우리는 이치에 어긋나는 논리를 보면 도저히 동의할 수 없다고 느낍니다. '이성적으로' 도저히 인정할 수 없다고 판단합니다. 이는 어쩌면 그것이 이 세계의 근본적인 원리에 어긋나기 때문일지도 모릅니다. 이때, 그 말이 안 되는 논리를 말이 안 되게 만드는 세계의 어떤 근본적인 힘이 바로 객관적 이성입니다. 그리고 그것에 따라 사고하는 게 인간의 이성이고요.

그런데 호르크하이머는 현대 사회에 이르러 이성 개념에서 객관적 이성의 의미가 많이 약해졌다고 우려했습니다. 사람들이 점점 이성을 주관적 능력으로만 생각하고 객관적 원리와의 관계는 덜 고려한다는 겁니다. 이는 현대 사회가 주관적 만족을 최고의 가치로 삼는 흐름과 연결됩니다. 현대인들은 누가 뭐래도 스스로 만족하는 삶이 최선의 삶이라고 생각합니다. 좋은 삶의 기준이 세계의 객관적 원리 속에 있는 게 아니라 내 안에 있습니다. 호르크하이머는, 이렇게 주관성 위주의 사고가 널리 퍼지면서 사람들이 자신의 입맛과 기준만을 바탕으로 옳고 그름을 판단하는 일이 많아졌다고 주장합니다. 국가가 나아가야 할 방향에 대해 판단할 때, 그저 내 이익에만 도움 되면 만사 오케이라고 생각하는 경우가 대표적입니다.

어쩌면 지금 우리가 과거 철학자들의 이성 개념을 이해하기 어려워하는 이유가 바로 이런 주관주의적 분위기 때문일지도 모릅니다. '내' 입장에서, '내 능력'으로, '내 쪽'에서부터 세상을 이해한다는 관념에 워낙 익숙한 나머지, 나를 뛰어넘는 거대한 원리가 거꾸로 나를 이끌며 이해를 주도하고 있다고는 생각하기 어렵다는 겁니다.

물론, 객관적 이성의 존재를 반드시 믿을 필요는 없습니다. 다만 철학의 맥락에서 이성 개념이 나오면, 주관성을 뛰어넘는 객관성의 의미를 띤 게 아닌지 꼭 생각해볼 필요가 있습니다. 그래야 길을 잃지 않고 철학적 주장을 잘 이해할 수 있을 겁니다.

○

타인은 지옥일까?

사르트르, 레비나스

실존

실존은 매우 복잡한 단어입니다. 물론 모든 개념이 다양한 의미를 품지만, 실존은 특히나 그렇습니다. 왜냐하면 실존은 기본적으로 존재와 거의 비슷한 뜻인데, 존재는 인간이 상상할 수 있는 가장 큰 범위를 의미하는 개념이니까요.

물론 한국어의 일상적 맥락에서 실존은 비교적 매우 좁은 의미를 갖습니다. 우리는 어떤 인물이 과거에 정말로 존재했을 때, 그 인물이 '역사적으로 실존'했다고 말합니다. 또한 이 영화는 "실존하는 이야기에 기초합니다"라고 말할 때도 비슷한 뉘앙스를 품습니다.

그런데 철학에서 실존은 영어나 프랑스어의 'existence', 독일어의 'Existenz' 등의 번역어일 때가 많습니다. 영어에 익숙하신 분들은 'exist'라는 동사가 엄청나게 광범위하게 쓰이는 표현이라는 걸 아실 겁니다. 그냥 존재하는 모든 것에 대해 'exist'라고 말할 수 있습니다. 결코 어떤 특수한 의미를 갖는 단어가 아니라, 이 세상에 '있다'라는 아주 일반적인 사태를 나타내는 표현입니다. '존재'라고 바꿔 말해도 별 문제가 없고요.

'있다'라는 것, '존재'라는 게 무엇인지 생각해봅시다. 과연 세상의 모든 것들이 똑같은 의미에서 '있을'까요? 모든 존재는 항상 똑같은 의미를 가질까요? 예를 들어서, 지금 제가 머릿속으로 코끼리 한 마리를 상상한다고 해보죠. 제 머릿속의 상상은 분명 어떤 의미로든 이 세계에 존재하는 현상입니다. 그렇다고 제 상상과 아프리카 초원에 있는 실제 코끼리가 아예 똑같은 의미에서 존재하는 건 아닌 것 같습니다. 상상속 코끼리보다는 실제 코끼리가 훨씬 더 제대로 된 의미에서 존재합니다. 상상은 그저 스쳐 지나가는 현상, 일종의 주관적 의식으로만 존재할 뿐이지, 결코 실제 코끼리와 같은 실질적인 존재를 얻은 건 아닙니다.

이처럼, 존재에는 ① 정말로 실질적으로 존재하는 것, 그리고 ② 어떤 의미에서는 존재한다고 말할 수 있으나 진정한 의미에서 존재하는 건 아닌 것이 나뉠 수 있습니다.

철학자 중에는 '실존' 혹은 'existence'에 해당하는 개념을 1번 의미로, 그리고 '존재' 혹은 영어의 'being' 같은 개념을 2번 의미로 사용하려고 하는 경우가 있습니다.

그렇다면 자연스럽게 질문이 하나 따라옵니다. 과연 정말로 실질적으로 존재하는 건 뭘까요? 여기에 대해서는 아주 많은 견해가 있습니다. 당장 이 책에서 제시된 여러 사조의 관점에서 생각해봐도 각각의 경우마다 실질적 존재가 달라질 수밖에 없다는 걸 금방 알 수 있을 겁니다. 따라서 어떤 철학적 견해를 지지하느냐에 따라 실존의 의미도 달라질 수밖에 없습니다. 상상 속 코끼리보다 아프리카에 실제로 있는 코끼리의 존재가 더 실질적인 걸까요? 이건 생각하기 나름입니다.

네, 여기까지는 가장 포괄적인 실존의 의미에 대해 말씀드렸는데요. 유명한 철학책들을 읽다 보면 실존은 방금 말씀드린 것과는 사뭇 다른 의미로 사용될 때가 아주 많습니다. 왜냐하면 한때 실존주의 사상의 영향력이 강력했었는데, 그 사상에서 실존을 아주 특수한 용어로 사용했기 때문입니다. 하이데거나 사르트르 같은 철학자들은 실존의 의미를 특별하게 사용했습니다.

그들은 실존이 인간의 존재만을 의미한다고 주장했습니

다. 그들의 용법에 따르면, 실존은 존재 중에서도 자기 자신을 의식하면서, 자기로서 존재하는 것입니다. 그들도 이 세상의 모든 것이 다 존재하긴 한다고 봤습니다. 동네 뒷산에는 나무가 존재하고, 그 나무에는 다람쥐가 존재하며, 열매도 존재합니다. 바위, 흙, 기계, 문명, 인간 모두가 존재합니다. 하지만 그들은 이 중 오직 인간만이 자기 자신을 의식하면서 존재한다고 봤습니다. 그들은 이런 의미에서 인간의 존재는 매우 특별하며, 그 특별함을 나타내기 위해 실존이라는 표현이 적절하다고 생각했습니다.

자신을 의식한다는 건 주체적으로 존재의 의미를 찾아 나설 수 있다는 걸 뜻합니다. 자기의식이 없는 다른 물건이나 동물들은 이 세상의 여러 물체와 관련을 맺고 살지만 자신의 존재 의미에 대해 질문을 던지지는 못합니다. 이와 다르게 인간은 자신을 의식하고, 그럼으로써 이 세상에 '내 입장에서' 아직 풀리지 않은 존재의 미스터리가 있다는 걸 이해할 수 있습니다. 그리고 그에 대한 답을 찾아가는 활동을 할 수 있습니다.

'내가 사라지면 이 세상의 모든 것들도 사라지는 게 아닐까?'라는 공상을 한 번쯤 해본 적이 있을 겁니다. 그런데 이는 단지 공상에 불과한 게 아니라 정말 사실일 수도 있습니다. 이 세상은 내가 만들어내는 환상에 불과한 걸지도 모르죠. 또한 꼭 이런 극단적인 입장을 취하지 않더라도 '이 세상은 그걸 바라보는 누군가가 없이는 아무런 의미를 갖지 못한다'는 식으로 생각하는 건 얼마든지 가능합니다.

이런 관점에서 생각을 이어나가면, 존재 그 자체보다는 '존재에 대한 이해'가 더욱 우선한다는 결론에 이릅니다. 예를 들어 '태양이라는 대상이 존재한다'는 현상이 가능하기 위해서는 그것이 존재한다는 걸 이해하는 누군가가 존재하면서 존재를 이해하는 활동을 하고 있어야 합니다. 어쩌면 인간이 없어도 곰이나 호랑이가 태양을 바라보고 있을 순 있을 겁니다. 하지만 곰과 호랑이는 '태양이 존재한다'고 생각하지는 못 합니다. 그들은 그저 태양에 영향을 받을 뿐입니다. 햇빛이 눈부시면 잠을 못 잘 테고, 더우면 수영을 할 겁니다. 하지만 태양의 '존재가 갖는 의미'는 영영 발견되지 않을 겁니다.

반면 인간은 세계에 있는 각종 대상의 의미를 밝혀냅니다. 끊임없이 의미에 대해 질문을 던지고 답을 찾아내는 활동을 합니다. 인간은 존재를 이해함으로써, 세상의 온갖 것들이 존재하는 걸 가능하게 합니다.

이런 의미에서 인간은 존재하는 다른 모든 것들보다 더

욱 근원적인 의미에서 존재합니다. 이렇게 보면, 실질적인 존재를 뜻하는 실존 개념을 인간에게만 특별히 적용하는 게 꽤 타당한 것 같습니다.

다만, 지구상에서 과연 인간만이 이런 의미에서 실존하는지는 논란의 여지가 있습니다. 요즘은 인간 말고 다른 동물들도 자신을 의식하고 세상을 이해하며 존재한다고 믿는 사람들이 많아졌습니다. 인간과 비인간 사이의 위계질서를 깨뜨리는 게 현대 사상의 주요 흐름 중 하나니까요. 또, 앞으로는 인공지능이 실존한다고 말할 수 있는지 논란이 벌어질 겁니다.

타자

철학뿐만 아니라 인문학 전반과 예술, 나아가 사회과학 분야에서까지 '타자'라는 표현을 쉽게 접할 수 있습니다. 주로 소외계층이나 다문화 이슈, 장애인과 성소수자 인권 문제 등을 다룰 때 타자에 대해 이야기하는 경우가 많은데요.

한국어에서 타자는 일상에서 흔히 사용하는 표현이 아니기 때문에 조금 위화감이 들 수 있습니다. 그런데 대개 경우 타자는 서구권 언어에서 타인을 뜻하는 표현들, 이를

테면 영어의 'the other'에 대한 번역어라고 보시면 편합니다. 서구권 언어에서 이런 표현이 오직 '다른 인간'만을 뜻하는 건 아닙니다. 인간뿐만 아니라 나와 다른 모든 존재를 일종의 타자라고 부를 수 있습니다. 동물이나 식물, 무기물도 타자일 수 있습니다.

서구권에서 타자는 흔한 표현이기 때문에 그 의미도 매우 다양합니다. 그런데 학문적인 맥락에서는 비교적 제한된 의미로 사용되는 편입니다. 특히 철학을 중심으로 한 인문·예술 분야에서 타자는 주로 두 가지 뜻으로 사용됩니다.

첫째는 부정적인 의미입니다. 주로 '타자화'라는 표현에서 부정적인 의미를 찾을 수 있는데요. 타자화는 대상을 외부자 취급하는 걸 뜻합니다. '우리'와 구별된 '그들'의 그룹을 만들어 놓고, 차별적으로 대우하는 거죠. 예를 들어서, 이민자를 타자화하는 사회는 이민자를 어디까지나 외부의 사람들로만 취급합니다. 결코 그들을 사회의 일원으로서 포용하지 않습니다.

요즘에 타자는 이런 부정적인 의미보다 긍정적인 의미로 더 많이 쓰이는 경향이 있습니다. 타자의 둘째 의미는 나에 의해서 완전히 파악될 수도, 포섭될 수도, 지배될 수도 없는 다른 존재입니다. 현대의 철학자들 중에는 그저 나의 관점에만 심취할 게 아니라, 나와 완전히 다른, 나로서는 도저히 이해할 수 없는 타자의 관점도 포용할 줄 알아야 한다고 목소리를 내는 사람들이 꽤 많습니다.

이 목소리는 철학자 레비나스Emmanuel Levinas의 영향을 많이 받았습니다. 레비나스는 그 이전에 펼쳐졌던 관념론적 철학에 반대하는 과정에서 타자 개념을 발전시켰습니다. 관념론 유의 철학에서는 이 세계를 이해하는 출발점을 나 자신의 의식으로 삼습니다. 내가 세상의 중심에서 모든 걸 이해하고 모든 의미를 발견하고 있으며, 내가 사라지면 그 모든 것의 존재도 결코 담보할 수 없다는 게 관념론자들의 생각입니다. 즉, 나의 존재가 모든 존재의 근원입니다. (이 책의 '관념론' 부분을 참고하시면 좋습니다.)

그런데 레비나스는 이러한 관점을 완전히 뒤집길 요구했습니다. 우리의 경험을 가만히 들여다보면, 이 세계는 항상 이해할 수 없는 것들 투성이입니다. 저는 왜 이 우주가 존재하는 건지 알 수 없습니다. 무엇이 저를 지금 이 순간에 존재하도록 만들었는지도 결코 최종적으로 파악할 수 없죠. 꼭 이런 심오한 문제가 아니더라도 주변을 한번 둘러보면, 이해하는 것만큼이나 이해하지 못하는 것들이 넘쳐난다는 걸 알 수 있을 겁니다.

이런 관점에서 보면 이 세상은 내가 중심이 되어서 무언가를 이해할 수 있는 장이라기보다는 오히려 내 이해의 한계를 뛰어넘는 온갖 미지의 대상들이 즐비한 곳입니다. 나의 존재가 모든 존재의 근원이기는커녕 내가 포섭할 수 없는 존재들이 근본적으로 너무나 많습니다. 아니, 단 하나의 대상이라도 내가 완전히 이해할 수는 없는 것 같습니다. 지금 제가 앉아 있는 평범한 의자조차도 제 이해의 한계를 훨씬 뛰어넘는 것 같습니다. 모든 대상은 나에 의해 완전히 장악되지 않는 면모를 품고 있습니다.

레비나스는 세상을 바라볼 때, 중심점을 나로 설정할 게 아니라 나와 다른 존재들 사이의 관계로 설정해야 한다고 생각했습니다. 세계의 대상들은 이미 나의 중심성을 무너뜨리고 있습니다. 그것들은 내가 완전히 이해할 수 없는 자신 고유의 논리와 주장을 펼칩니다. 나를 위협하기도 하고, 유혹하기도 하고, 기쁘게 하기도 합니다. 나의 거의 모든 생각과 감정은 나로부터 나온다기보다는 나를 뛰어넘는 세계의 다른 대상들이 선사하는 것입니다. 레비나스는 이렇게 나를 뛰어넘으며 고유하게 존재하고 있는 대상을 타자라고 불렀습니다.

타자 사상은 자아의 가능성이 아닌 무력함에 더 집중합

니다. 이건 동전의 양면 중 어디에 더 주목할 거냐의 문제입니다. 세상은 내가 무언가를 할 수 있는 장입니다. 하지만 동시에 세상은 내가 무언가를 할 수 없는 장이기도 합니다. 나의 소망이 모두 충족되고 내가 모든 가능성을 거머쥐는 건 상상 속에서나 가능한 일입니다. 실제 세상에서는 내가 무언가 하나를 할 수 있을 때, 필연적으로 무언가 다른 일은 할 수 없습니다.

흔히 나의 가능성 쪽에 주목하는 사상은 이 세상과 삶을 어떻게든 긍정적으로 해석해내려 합니다. 이 세상을 이용해야 할 대상으로, 창조의 무대로, 정복해야 할 과제로 바라봅니다. 반면 타자 사상을 지지하는 사람들은 나의 무력함을 있는 그대로 마주해야 한다고 생각합니다. 그리고 내 힘으로 완전히 제압하는 게 근본적으로 불가능한 이 세계의 다양한 존재, 즉 타자를 인정하고 존중해야 한다고 봅니다.

이런 의미에서, 타자는 주류 체계에 포섭되지 않는 존재를 뜻하기도 합니다. 사람들은 흔히 자기중심적 관점에서 세상의 모든 것을 자신에게 익숙한 하나의 체계로 해석하려 합니다. 예를 들어 민주화 프레임에 심취한 사람은 한국 정치를 독재 세력과 민주화 세력 사이의 갈등 구도로만 바라봅니다. 물리학이 가장 근본적인 학문이라고 굳게 믿는 사람은 시간과 공간에 관한 유의미한 지식은 물리학적 지식밖에 없다고 생각합니다. 이런 식으로, 사람들은 세계를 해석할 때 단일한 체계를 적용하면서 거기에 맞지 않는 대상은 제거하거나 어떻게든 체계에 들어맞게 왜곡시킵니다. 이런 사고는 타자를 인정하지 않는 사고입니다. 자아의 무력함이 아닌 가능성에만 주목하는 거고요.

타자를 인정하는 사고는, 하나의 체계로 세상을 바라볼 때 그 체계에 들어맞지 않는 부분이 반드시 어마어마하게 많이 있다는 걸 염두에 두는 사고입니다. 한 체계는 그저 세상의 단편을 보여줄 뿐입니다. 그 단편을 제외한 모든 것은 여전히 암흑 속에 남아 있습니다. 타자는 항상 미지의 암흑에 휩싸여 있습니다. 타자를 인정하는 삶은 밝은 빛의 만족감과 안정감만을 좇지 않으며 어둠을 친숙하게 받아들일 줄 아는 삶입니다.

언어와 실재의 경계에서
비트겐슈타인

언어놀이

비트겐슈타인은 20세기의 가장 위대한 철학자를 뽑을 때 세 손가락 안에 드는 인물입니다. 언어놀이는 비트겐슈타인이 발전시킨 개념입니다. 그렇기 때문에 그가 많이 다뤘던 언어놀이 개념을 여전히 철학자들이 자주 사용하고 있는데요.

언어놀이는 언어에 관한 아주 창의적인 생각을 요구하는 개념입니다. 언어란 과연 무엇일까요? 언어의 역할은 뭘까요? 우리가 언어에 대해 가장 흔히 품는 견해는, 각 단어나 문장은 무언가를 가리키며 그 대상을 의미한다는 겁니다. '자전거'라는 단어는 세상에 있는 자전거를 가리킵니다. 집에 있는 구체적인 자전거를 가리킬 수도 있고, 추상적으로 사람들의 머릿속에 있는 자전거를 가리킬 수도 있습니다. 어쨌든 '자전거'라는 단어는 세상에 어떤 방식으로든 존재하는 무언가와 매칭되기 때문에 의미를 갖는 것 같습니다.

'평화' '정의' '행복' 같은 추상적인 단어도 마찬가지입니다. 각 단어는 어떤 내용을 가리키고 있습니다. 꼭 모두가 동의하는 명확한 정의가 있는 건 아닙니다. 하지만 어쨌든 사람들의 머릿속에서는 막연하게나마 어떤 어렴풋한 내용과 짝 지어져 있습니다. 그렇기 때문에 우리는 이 개념들을 일상에서 유의미하게 사용할 수 있는 것 같습니다.

하지만 비트겐슈타인은 언어의 작동원리가 이와 완전히 다르다고 생각했습니다. 그는 언어에서 중요한 것은 의미가 아닌 '사용'이라고 봤습니다. 어떤 맥락에서 어떻게 사용하는지가 중요하지, 무엇을 의미하느냐는 부차적인 문제라는 겁니다.

비트겐슈타인은 언어가 일종의 게임을 통해 이뤄진다고 생각했습니다. 인간은 자신이 처한 상황 속에서 어떤 언어 표현을 사용합니다. 그걸 받아들이는 사람 입장에서는 사실 그게 정확히 뭘 의미하는지 알 길은 없습니다. 하지만 통상적으로 이해하는 방식대로 그 표현을 이해하고 그것에 따라 어떤 반응을 보입니다. 그럼 그 반응에 대해 상대방은 또 나름대로 반응을 보입니다. 이렇게 사람들끼리 계속해서 언어를 매개로 반응을 주고받는 것이 바로 언어놀이입니다.

비트겐슈타인은 공사장의 상황을 예시로 듭니다. 공사장에서 어떤 숙련된 목수가 조수에게 "판!"이라고 외친다고 해봅시다. 그건 아마 판을 가져오라는 뜻일 겁니다. 그런데 그 목수는 분명 "판을 가져와라"라고 말하지 않았습니다. 그저 한 단어를 내뱉었을 뿐입니다. 그런데 어째서 이 한 단어가 판을 가져오라는 뜻을 가질 수 있는 걸까요?

비트겐슈타인이 생각하기에 답은 언어놀이에 있습니다. 아마 그 두 사람은 이전까지 서로 호흡을 맞추면서, 한 명이 "판!" "망치!" "못!" 이런 식으로 외치면, 나머지 사람이 판, 망치, 못을 가져다주는 반응을 많이 보였을 겁니다. 그렇게 적절한 반응을 보이지 않는 경우 더 길게 설명을 해줬겠죠. 그렇게 설명을 통해 서로 눈치를 맞춰가는 상황을 겪으면서, "판!"이라고 외치면 판을 가져다주는 행동 방식을 학습했을 겁니다. 이런 학습 과정을 거쳐 그들의 언어놀이 안에서 "판!"은 특정한 반응을 유발하는 구호처럼 활용되게 된 겁니다.

그렇다면 과연 '판'이라는 단어의 의미는 무엇일까요? 언어놀이가 시사하는 바는, 이 단어의 의미가 사실 전혀 중요하지 않다는 겁니다. 아마 의미는 제대로 존재하지도 않을 거고요. 만약 공사장에서 '판'을 둘러싼 언어놀이가 다르게 진행됐다면, "판!"이라는 표현은 전혀 다른 역할을 맡게 됐을 겁니다.

언어놀이는 하나의 표현이 실은 무한히 다양한 의미를 가질 수 있다는 걸 보여줍니다. 이 주장에 따르면 '이 표현은 이 놀이 안에서 어떤 역할을 맡는가?'는 유의미한 질문입니다. 하지만 '이 표현의 의미는 무엇인가?'는 무의미한 질문일 때가 많습니다. 왜냐하면 많은 사람은 마치 언어 표현에 일대일로 대응되는 명확한 의미라는 게 존재한다고 생각하고, 그걸 알아내거나 관철시키려고 하니까요.

비트겐슈타인은 언어가 삶을 반영하는 것이지, 삶 이전에 언어가 존재하는 게 아니라고 생각했습니다. 사람들이 살아가면서 각 상황에서 어떤 표현을 주고받게 되면서 생겨난 게 언어지, 사람들의 생활보다 더 근원적인 의미가 존재해서 그 의미와 언어를 일대일로 짝지어야 하는 게 아니라는 겁니다. 예를 들어 '자유'의 의미가 이미 존재해서 우리가 그걸 발견해야 하는 게 아닙니다. 사람들이 살아가는 과정에서 생활의 어떤 패턴을 반영하며 생겨난 게 '자유'라는 개념입니다.

요즘 인터넷에서는 언어의 경직성 때문에 불필요한 갈등이 초래될 때가 아주 많습니다. 각자가 자신이 사용하는 표현의 의미가 유일하게 정당한 의미라고 생각하면서, 그 표현을 다른 방식으로 사용하는 사람을 무지한 사람 취급합니다. 자신의 말을 못 알아듣는다고 생각하거나 완전히 틀린 사고를 한다고 여깁니다. 언어놀이의 관점에서 보면 이는 자신의 게임을 다른 사람에게 강요하는 것입니다. 사회는 완전히 통일적이지 않습니다.

각 사람은 자신의 활동반경 속에서 각자의 방식대로 살아갑니다. 언어와 관련해서도 사람마다 다른 언어놀이에 참여하고 있을 수 있습니다. 어떤 놀이에 익숙하냐에 따라 같은 개념을 전혀 다른 방식으로 사용할 수도 있죠. 이걸 간과하고 무조건 자신의 언어 사용 방식만 옳다는 듯이 행동하면 상대는 불쾌할 수밖에 없습니다.

정말로 언어를 건설적으로 사용하고자 한다면, 소통의 장벽이 생겨났을 때 공통의 언어놀이를 새롭게 제안할 줄 알아야 합니다. 자신의 놀이 방식을 강요하는 게 아니라 서로의 놀이 방식을 이해하면서 모두가 참여할 수 있는 더

폭넓은 놀이를 고안해야 합니다. 이런 노력이 없으면 언어는 소통의 수단이 아니라 도리어 소통을 가로막는 장벽이 됩니다.

가족유사성

20세기의 가장 영향력 있는 철학자 중 한 명인 비트겐슈타인이 발전시킨 대표적인 개념으로는 언어놀이와 가족유사성이 있습니다. 이 둘은 상당한 관련을 맺고 있는데요.

이 중 가족유사성은 어떤 대상들 사이에 서로 닮은 부분이 있어서 연결되는 관계를 뜻합니다. 가족유사성 아이디어의 핵심은 대상들이 서로 연결돼 있기는 한데, 어떤 명확한 본질이나 규칙을 공유해서 연결돼 있는 건 아니라는 겁니다. 이렇게 말하면 약간 어렵게 들릴 수도 있는데요. 예시를 통해 생각하면 쉽습니다.

'대학'이라는 개념을 한번 생각해보죠. 대학은 기본적으로 학생들이 공부하고 학자들이 연구하는 고등 교육기관을 뜻합니다. 그런데 저희 할머니는 동네 교회에서 운영하는 노인대학에 다니셨습니다. 노인대학에서 어르신들은 분명 대학생처럼 강의를 듣긴 합니다. 하지만 레포트 과제가 있는 것도 아니고, 실험실이나 도서관 같은 시설도 없으며, 학위가 나오는 것도 아닙니다. 그런데도 사람들은 그곳을 '대학'이라고 부릅니다. 또한 인터넷에는 '웃긴대학'이라는 사이트가 있습니다. 아마 그 사이트를 만든 사람들은 마치 대학이 가장 수준 높은 지식을 다루듯, 그 사이트가 가장 수준 높은 유머를 다룬다고 생각했던 것 같습니다. 굳이 따지자면 유사성이 있긴 하지만, 그래도 일반적인 대학과는 매우 다르죠. 더 나아가 '와플대학'이라는 브랜드도 있습니다. 훌륭한 와플을 연구하고 판매하겠다는 목표로 이런 이름을 지은 것 같습니다. 하지만 역시 와플대학과 보통 대학 사이에는 공통점보다 차이점이 훨씬 더 많습니다.

자, 지금 제가 말씀드린 사례들에서는 모두 '대학'이라는 개념이 사용됩니다. 하지만 그 사이에는 명확한 본질이나 규칙이 없습니다. 서로 조금씩 닮은 부분이 있긴 하나, 이들을 모두 하나의 그룹으로 묶어주는 완전한 기준은 없는 것 같습니다. 그런 기준을 억지로 찾으려고 할 수도 있으나, 아마 그건 그리 오래 유지되지 못할 겁니다. 왜냐하면 사람들은 '대학'이라는 개념을 또 다른 상황에서 그 기준을 완전히 위배하는 방식으로 얼마든지 새롭게 사용할 수 있기 때문입니다.

사람들이 실질적으로 언어를 사용하는 방식을 보면, 어떤 명확한 이유나 기준이 있어서 특정 표현을 사용하는 게 아닙니다. 그저 매우 느슨한, 때로는 실낱같은 연결성에 의존해서 언어 표현을 적용할 때가 많습니다. 저는 중학생 때 별명이 '벌레'였습니다. 이름에 '충'이 들어가서 그랬던 것이지만, 농구할 때 모습이 마치 바퀴벌레처럼 끈질기다는 의미도 약간 있었습니다.

인간을 '벌레'라고 부르는 건 매우 뜻밖의 일처럼 보입니다. 사람에 따라 모욕적이라고 해석할 수도 있고, '말도 안 되는' 표현이라고 생각할 수도 있죠. 하지만 제 친구들은 벌레와 저 사이에 작지만 흥미로운 유사성을 느꼈고, 그걸 살려서 별명을 붙인 겁니다. 그리고 우리의 일상에서 언어는 흔히 이런 방식으로 작동합니다.

문학의 상당 부분은 가족유사성에 의존합니다. 문학가들은 언어의 일반적인 용법을 깨뜨립니다. 아주 미약한 연결관계를 근거로, 현상에 유별난 언어 표현을 부여합니다. 소설가 김영하는 한 방송에서 "햇빛이 바삭하다"고 말했습니다. 본래 '바삭하다'는 거의 음식에만 사용되는 표현입니다. 하지만 햇빛이 바삭하다는 표현이 무슨 말인지 이해하는 건 어렵지 않습니다.

가족유사성의 중요한 특징은, 하나의 똑같은 표현이 서로 완전히 다른 대상에 적용될 수도 있다는 겁니다. 그 원리는 다음과 같습니다. 만약 어떤 사람이 A라는 현상에 '놀이'라는 개념을 적용했다고 해보죠. 그리고 A와 비슷한 B를 보고 또 '놀이'라고 부를 수 있습니다. 그리고 또 B와 비슷한 C를 보고, C와 비슷한 D를 보고… 이 과정을 계속 이어가다가, Z에까지 '놀이' 개념을 적용했다고 해봅시다. 나중에 보면, A와 Z는 서로 완전히 달라서, 그 둘 사이에 어떤 공통점이 있다고 상상하기 매우 어려울 수도 있습니다. A와 B의 공통점을 찾기는 쉽고, Y와 Z 사이의 공통점을 찾기도 쉬울 겁니다. 하지만 서로 거리가 멀리 떨어져 있는 A와 Z는 완전히 달라 보일 수 있죠. 마치 가까운 가족끼리는 서로 닮았지만, 먼 친척끼리는 별로 닮지 않은 것처럼요. 그렇게 겉모습이 닮지 않아도, 어쨌든 먼 친척도 한 가문에 속합니다. 마찬가지로, 한 개념은 서로 겉모습이 거의 닮지 않은 대상들에 적용할 수 있습니다.

현대철학에서 가족유사성은 본질주의적 관점을 비판하는 데에 많이 이용됩니다. 현대 사상의 중요한 흐름 중 하나는 본질을 바탕으로 어떤 대상을 규정하는 힘이 많이 약해졌다는 겁니다. 과거에는 어떤 명확한 기준에 따라 인간,

정의, 행복, 진리 같은 걸 규정하려고 했다면, 현대 사회에는 그런 경향이 많이 약해졌습니다. 그 과정에서 가족유사성 개념은 커다란 역할을 했습니다. 만약 '인간'이라는 개념이 서로 겉모습이 전혀 다른 대상에도 적용될 수 있다면, 과연 인간의 본질이라는 게 존재하긴 하는지 의심이 들 수밖에 없으니까요.

끝으로, 비트겐슈타인은 가족유사성 개념을 통해, 앎과 언어는 다르다는 메시지를 전달하고 있습니다. 인간의 모든 앎, 지식은 언어로 이뤄졌다는 견해가 있습니다. 그럴듯한 생각입니다. 학자들의 논문과 책은 전부 언어로 구성돼 있으니까요. 하지만 우리는 분명 비언어적인 앎을 가질 때가 있습니다. 과연 이걸 '지식'이라고 부르는 게 얼마나 정당한지는 논란의 여지가 있지만, 어쨌든 말로 표현할 수 없는 앎은 삶에서 아주 흔한 현상입니다.

그런데 가족유사성 아이디어가 시사하는 바는, 애초에 언어를 사용해서 표현되는 지식도 그걸 왜 그런 언어로 표현한 건지 정확히 알 수는 없다는 겁니다. 다시 말해, 우리는 왜 특정한 언어 표현을 사용하는 건지 정확히 모른 채로 그 표현을 이용해 지식을 나타냅니다. 예를 들어서, "코끼리는 육지에서 가장 큰 포유류이다"라는 말은 꽤 확실한 지식 같습니다. 그런데 이 지식을 나타내는 언어를 들여다보면, '코끼리' '육지' '크다' '포유류' 같은 표현은 모두 가족유사성의 영향을 받습니다. '코끼리'라고 불리는 대상에는 코끼리 인형도 있고, '포유류'는 맥락에 따라 상상 속의 동물을 말할 때도 있습니다. 그리고 애초에 이 개념들은 역사적으로 가족유사성의 영향을 받으며 상당한 변화를 겪어 왔을 겁니다. 즉, 우리는 이 개념들의 명확한 의미나 사용규칙을 확정할 수 없습니다.

많은 앎은 언어로 이뤄져 있습니다. 하지만 그 앎을 이루고 있는 언어를 우리가 완전히 알지는 못합니다. 여기서 모순이 생겨납니다. 우리의 앎은 우리가 모르는 것에 기초하고 있습니다. 비유적으로 표현하면, 사람들은 앎을 해부해 보면 단단한 언어의 블록이 기초 요소로서 드러날 거라고 기대하곤 합니다. 하지만 막상 앎을 해부해 보면, 상당히 불확정적이고 흐릿한 연기가 요동치고 있습니다.

하지만 이게 문제가 되지는 않습니다. '코끼리'나 '포유류'의 명확한 의미를 모르고도, "코끼리는 육지에서 가장 큰 포유류이다"라고 말하는 데에는 전혀 문제가 없습니다. 우리는 이를 유효한 지식으로 능숙하게 인정합니다. 앎에는 아무런 문제가 없습니다. 문제는 지식을 정확히 규정된 언어로 절대적으로 확실하게 표현할 수 있다는 환상에 있습니다. 가족유사성 아이디어에 따르면 그렇습니다.

현상이라는 세계

후설

실증주의

현대를 살아가고 있는 우리는 과학적 방법을 통해 참과 거짓을 가려내는 데에 익숙합니다. 무언가가 참이라면, 기본적으로 과학적으로 검증됐다는 걸 뜻하는 게 일반적입니다.

하지만 과거에는 그렇지 않았습니다. 참된 지식에 이르는 여러 방법이 있다고 생각했죠. 그중 하나는 종교였고, 다른 하나는 형이상학이었습니다. 종교 경전에 나온 말은 아무리 믿기 어렵다 하더라도 가장 확실한 진리였습니다. 눈에 보이지 않는 영혼, 이데아 같은 형이상학적 대상은 눈에 보이는 현실보다 더 수준 높은 진리였습니다.

현대에 가까워질수록 이런 경향은 점차 약해졌습니다. 감각을 통해서 직접적으로 알 수 있어야만 참이라고 인정하는 사람들이 점점 많아졌습니다. 그러면서 실증주의 사상이 등장합니다.

실증주의는 주로 감각적 경험에 합치하는 지식만이 진정한 진리의 자격이 있다고 보는 사상을 뜻합니다. 특히 감각적 경험은 과학적인 방법을 통한 시험을 거치면 가장 좋고요. 과학적 방법은 통제된 상황에서의 반복 실험이나 관찰을 핵심으로 합니다. 누군가가 우연히 물이 100도에서 끓는 걸 한 번 보고, '물은 100도에서 끓는다'라고 결론 내려버리면 정말 제대로 된 지식이라고 할 수 있을까요? 물론 실증주의적 관점에서 보면 이것도 형이상학적인 지식보다는 훨씬 낫습니다. 적어도 감각적으로 확인하기는 했으니까요.

과학적 방법을 거치면 훨씬 더 나아질 수 있습니다. 물에 불순물이 섞이지는 않았는지, 정말로 온도계가 잘 작동하는지 등을 잘 확인함으로써 실험 환경을 잘 정립해야 합니다. 그리고 물을 여러 번 끓여보면서, 모두 100도에서 끓는지 확인해야 하죠. 이렇게 과학적 실험을 거치고 나면, 지식의 정당성과 신뢰성이 훨씬 더 강해집니다.

실증주의 사상의 형성에서는 19세기 프랑스의 철학자이자 최초의 사회학자로 알려진 콩트Auguste Comte가 큰 역할을 했습니다. 그는 인간 사회가 이미 종교적 믿음과 형이상학적 망상으로부터 벗어나 과학을 신뢰하는 단계로 접어들었다고 봤습니다. 하지만 사람들은 자연을 바라볼 때는 과학적 관점을 잘 취하지만, 희한하게 인간을 바라볼 때만큼은 계속 종교적이거나 형이상학적인 자세를 취했죠. 각 인간이 하나의 영혼으로서 평등과 자유의 권리를 갖는다고 보는 생각이 대표적으로 비과학적인 생각이었습니다. 콩트는 인간과 사회에 대해서도 자연을 다룰 때처럼 과학적 방법을 통해 연구해야 한다고 생각했습니다. 경험적으로 확인 가능한 사실들에 집중해야만 우리 자신에 대해서도 훨씬 더 나은 진리에 이를 수 있다는 겁니다.

콩트의 시대와 달리 우리 시대에는 실증주의가 너무나도 익숙한 사고방식이 되었기 때문에, 실증주의적으로 생각하지 않는 것이 오히려 더 이상하게 느껴질 정도입니다. 하지만 실증주의가 정말로 옳은 건지, 좋은 건지에 대해서는 이견이 있습니다.

대표적으로, 수학자이자 철학자였던 후설Edmund Husserl은 실증주의가 '하나의' 관점을 바탕으로 모든 것을 설명할 수 있다고 믿는 위험한 사상이라고 평가했습니다. 세상에는 실증주의적인 과학적 방법을 통해 알 수 없는 것들이 많습니다. 대표적으로 우리의 심리적 현상은 사실상 엄밀한 의미에서 객관적 측정이 불가능합니다. 예를 들어 철수가 '얼마나' 화났는지를 명확하게 알려주는 감각적 자료는 존재하지 않습니다. 물론 심리학자들은 철수의 뇌를 스캔하거나 철수의 혈액, 심박 등을 살펴봄으로써 철수가 얼마나 화났는지 유추할 수 있습니다. 하지만 이는 어디까지나 간접적으로 철수의 화에 접근하는 수단일 뿐입니다. 진정으로 철수의 화를 정확히 감각할 수 있는 건 철수 그 자신밖에 없습니다. 따라서 철수의 화에 대한 실증주의적 연구는 상당히 제한적으로 이뤄질 수밖에 없습니다.

이에 대한 실증주의자들의 생각은 이렇습니다. "딱 그 제한적인 만큼만 철수의 화를 연구해야 한다. 그 이상으로 철수의 화에 대해 논하는 건 아무런 학문적 의미가 없다." 그럴 듯해 보입니다. 하지만 후설은 완전히 다르게 생각했습니다.

후설은 실증적 방법에만 머물러서는 결코 다양한 사태의 본질에 가닿을 수 없다고 생각했습니다. 실증주의에 치중한 과학은 겉으로 보기엔 세계를 객관적으로 파악하는 것 같지만, 실은 세계에 대한 인간의 이해력을 축소합니다. 더 근본적으로 이해할 수 있는 것에 대해서 피상적인 이해에만 머물도록 강제합니다. 따라서 우리는 실증적 과학의 한계를 넘어, 사태의 종류별로 가장 적합한 연구 방법을 적용해야 합니다. 물질들의 움직임을 예측하기에는 실증적 물리학이 가장 우수한 연구 방법입니다. 하지만 인간의 심리나 문화를 연구하기 위해선 다른 방법이 필요합니다. 우리의 주관적 경험을 직접 들여다볼 줄 알아야 합니다. 가령 철수의 화를 제대로 연구하기 위해선 그 스스로 자신의 내면을 통해 화를 제대로 들여다볼 줄 알아야 합니다.

후설 이후에도 실증주의를 비판한 철학자는 매우 많았습니다. 그런 과정을 거치면서, 완전히 엄격한 실증주의는 철학자들 사이에서 인기를 잃었습니다. 그 중요한 이유 중 하나는 '객관적 세계'와 완전히 100퍼센트 일대일 대응되는 감각적 경험 자체가 존재하지 않는다고 생각하는 사람들이 많아졌다는 겁니다. 실증주의자들은 감각적 증거에 기초해서 학문 활동을 해야 한다고 믿습니다. 그런데 만약 감각 자체가 문화나 전통의 영향을 받는다면 어떨까요? 가령 500년 전 과학자들과 지금의 과학자들은 똑같은 대상에 대해 전혀 다른 '감각 자료'를 얻는다면?

이는 단순한 궤변이 아닙니다. 만약 인간 밖에 객관적 세계가 정말 실재한다면 인간은 감각 기관과 뇌를 통해 세계의 정보를 받아들이고 해석하고 있을 겁니다. 그런데 그 과정에서 인간은 특정한 인식의 틀을 거칠 수밖에 없습니다. 우리는 항상 세상을 바라보는 창, 일종의 프레임을 통해 세상을 인식합니다. 인간이 세계에 대한 경험을 바로 얻는 게 아니라 그 사이의 특정 과정을 거치기 때문에 그 과정이 어떻게 이뤄지느냐에 따라 똑같은 대상을 경험하면서도 경험이 완전히 달라질 수 있다는 겁니다.

그 감각의 과정, 프레임은 우리가 어려서부터 무엇을 학습했느냐에 따라 달라질 수 있습니다. 물리학자이자 철학자였던 토머스 쿤Thomas Samuel Kuhn은 과학자들의 감각 정보는 그들이 어떤 이론적 전통에 익숙한지에 따라 달라진다고 봤습니다. 과학자들은 언제나 선배 과학자들이 세계를 '보는 방식'에 영향을 받은 채로 세계를 바라봅니다. 세계를 감각할 때, 그 감각의 과정 자체가 이미 교육에 따라 형성돼 있습니다. 교육이 바뀌면 이 과정도 달라지고, 당연히 감각도 달라집니다. 이렇게 보면, 순전히 객관적인 감각 자료는 애초에 존재하지 않습니다.

철학자 칼 포퍼Karl Popper의 반증주의 사상도 전통적 실증주의를 약화시키는 데에 기여했습니다. 포퍼는 과학의 발전은 입증이 아닌 반증을 중심으로 이뤄진다고 주장했습니다. 그는 과학 이론은 언제나 반증의 가능성을 품고 있다고 봤습니다. 철학적 주장이나 종교적 주장, 사이비 과학의 주장은 반증이 안 됩니다. 그 어떤 증거를 가져와도 도저히 반증을 할 수 없습니다. 철학이나 종교나 사이비 과학은 언제나 모든 반증 시도를 빠져나가는 구멍을 만들어낼 수 있습니다.

반면 과학 이론은 그 이론이 틀렸다는 걸 보여주는 강력한 증거가 등장할 경우 반증됩니다. 진정한 과학자는 강력한 반증 앞에서 자신의 이론을 포기할 줄 압니다. 포퍼는 과학은 기존의 이론이 반증되고, 더 나은 이론을 통해 대체되는 과정을 반복하며 발전한다고 봤습니다.

이 주장을 거꾸로 생각해보죠. 과학이 언제나 반증의 가능성을 품고 있다는 건, 과학에서 완전히 입증될 수 있는 건 아무것도 없다는 말이 됩니다. 아무리 강력한 감각적 증거가 있어도, 그건 이론을 '강하게' 뒷받침해줄 뿐입니다. 그 어떤 증거도 이론이 100퍼센트 옳다고 보장해주지는 않습니다. 언제 어디서 완전 반대의 자료가 나타나 이론을 반증할지 모릅니다.

만약 이런 견해를 진지하게 받아들인다면, 실증주의자들은 자신의 뉘앙스를 약간 변화시킬 수밖에 없습니다. 실증주의적 방향성을 완전히 포기할 필요는 없지만, 적어도 조금 약화할 필요는 있습니다. 감각적 경험은 물론 과학적 지식을 이루는 매우 중요한 요소입니다. 하지만 지금 당장 감각에 부합하는 것처럼 보인다고 해서 그 이론이 확실한 지식이 되는 건 아닙니다. 우리는 스스로의 감각적 증거에 대해 겸손하고 유보적인 태도를 가질 필요가 있습니다.

지식이 발전하는 과정에서는 감각적 경험을 뛰어넘는 상상, 공상의 활동도 매우 중요합니다. 혁신적인 이론은 감각 자료에만 충실할 때 얻어지는 게 아닙니다. 과감하고 적극적인 상상력까지 더해질 때 창조됩니다.

감각에 충실해야 한다는 실증주의자들의 생각 자체는 과학 영역에서 분명 타당합니다. 하지만 감각의 중요성을 일정 수준 이상으로 강조하기 시작하면 문제가 생겨납니다. 과학의 '모든 것'이 감각에 기초할 수는 없습니다. 감각적 검증만 중시하려고 하면 과학이 왜곡됩니다. 더 나아가 인간의 지식 전체가 빈곤해집니다.

실용성이 곧 진리다

제임스

실용주의

우리는 문제풀이에 익숙합니다. 문제에는 정답이 있습니다. 정답은 참이고, 오답은 거짓입니다. 정답이 참이면서 동시에 거짓일 수는 없습니다. 만약 그랬다면 수능시험에서 채점을 할 수 없을 겁니다.

이런 문제풀이식 사고방식에 익숙한 우리에게 조금은 알쏭달쏭하게 느껴질 법한 철학 사조가 있습니다. 바로 실용주의입니다. 실용주의는 영어 'pragmatism'의 번역어로, 'pragma'는 그리스어로 행위, 실천을 뜻합니다. 일상에서 무언가가 '실용적이다'라고 말하면, 그게 쓸모가 있다는 뜻이죠. 철학에서 실용주의는 어떤 믿음이나 이론은 그게 얼마나 쓰임새가 있느냐에 따라 참, 거짓, 의미, 무의미 등이 결정된다고 보는 사고방식을 가리킵니다.

실용주의는 미국의 저명한 철학자 찰스 샌더스 퍼스Charles Sanders Peirce가 만든 개념으로, 그의 친구 윌리엄 제임스William James가 크게 대중화했습니다. 제임스는 현대적 심리학의 초창기 개척자이자 훌륭한 철학자이기도 했습니다. 실용주의의 핵심을 이해하기 위해서는 제임스가 무엇보다 심리학자였다는 사실에 주목하면 큰 도움이 됩니다.

철학자들은 '어떤 믿음이 참인가'를 가려내려 합니다. 우리는 보통 지구가 실제로 존재한다고 믿고, 이 믿음을 참으로 간주하죠. 만약 거짓 믿음이 많이 퍼지면 세상은 혼란스러워질 겁니다. 철학자들은 이런 불상사를 막으려 합니다.

그런데 제임스는 순서를 뒤바꿔 생각했습니다. 거짓 믿음이 널리 퍼지면 세상이 혼란스러워지는 게 아니라, 세상을 혼란스럽게 만드는 믿음이 곧 거짓 믿음이라는 건데요. 참과 거짓이 이미 정해져 있는 게 아니라, 우리에게 어떤 '효과'를 미치는지에 따라 달라진다는 거죠.

예를 들어 인천에서 부산에 가는 버스가 오전 9시에 출발한다고 해봅시다. 이때, '인천에서 부산에 가는 버스가 오전 10시에 출발한다'는 믿음은 그 자체로 절대적인 거짓으로 정해져 있는 게 아닙니다. 우리가 그렇게 믿을 경우

버스를 놓친다는 불이익이 있기 때문에 거짓으로 간주될 만한 것입니다.

제임스는 심리학자로서 우리의 믿음을 일종의 심리적 상태로 바라봤습니다. 우리 삶에서 주변 세계에 실질적인 효과를 갖는 생명적인 사건으로 바라봤다는 거죠. 흔히 학자들은 어떤 이론적 믿음을 갖습니다. 자신이 지지하는 틀에 따라 이 세상을 바라보죠. 과연 어떤 틀이 진실로 믿을 만한 것인지 따지는 게 학문이 하는 일입니다. 그런데 여기서 '믿을 만하다'는 것의 기준은 무엇일까요? 암묵적으로 가장 흔한 생각은, 그 기준이 어딘가에 절대적으로 존재하고 있다는 것입니다. 그게 신이든, 우주의 근본적 원리이든, 어떤 기준이 인간 바깥에 존재해서, 우리는 그 기준에 잘 합치하는 믿음을 가져야만 한다는 거죠. 제임스는 이와 달리 생각했습니다. 그는 믿음의 기준은 어디까지나 우리 스스로의 삶에 있다고 봤습니다.

우리는 살아가면서 많은 믿음을 품습니다. 그리고 믿음은 실질적인 행동으로 이어집니다. 신을 믿는 사람은 기도를 할 것이고, 믿지 않는 사람은 기도를 하지 않을 것입니다. 유명 요리사의 레시피를 믿는 사람은 그에 따라 요리를 할 겁니다. 이 믿음들이 얼마나 참된지는 그 행동이 발휘하는 실질적 효과에 따라 판가름 돼야 한다는 게 제임스의 아이디어입니다. 그리고 실용주의 전반의 아이디어이기도 하죠. 만약 엔지니어가 자신이 믿는 공학 이론에 따라 설계를 했더니 설비가 잘 작동한다면 그 공학 이론은 참된 것입니다. 반면 식물에 한 달에 한 번만 물을 줘야 한다고 믿어서 그렇게 했더니 식물이 말라버렸다면, 그 믿음은 거짓된 것이겠죠.

그런데 실용주의의 입장에 따르면 이때 참, 거짓은 결코 확정적인 게 아닙니다. 지금은 어떤 이론대로 행동했더니 별문제 없이 목적을 잘 달성하지만, 언젠가는 아니게 될 수도 있습니다. 특정 사례에 대해서는 분명히 문제가 없었는데 적용 사례를 넓혔더니 문제가 생길 수도 있죠. 그럼 이 믿음은 의심의 대상이 됩니다. 하지만 한 번에 완전히 거짓이 돼버리는 건 아닙니다. 여전히 우리 삶의 많은 부분을 잘 설명해주고 좋은 효과를 많이 낸다면요. 그런데 만약 좋은 효과를 퇴색시킬 만큼 강력한 나쁜 효과가 나타나기 시작하면, 더 이상 이 이론을 마냥 참된 것으로 믿을 수는 없게 됩니다. 무언가 개선이 필요해지죠. 그렇게 우리는 살면서 계속해서 믿음을 바꿔나가야 합니다. 이전에 알던 것과 새롭게 경험한 것을 최대한 잘 중재하면서 현실에 대응할 수 있는 믿음을 갖춰야 하죠.

실용주의는 현대인들에게 상당히 익숙한 입장입니다. 요즘 우리는 이 현실이 인간이 생존하는 과정에서 뇌가 만들어낸 예측 시스템에 불과하다는 관점을 많이 접하면서 살아가기 때문입니다. 맛있는 음식을 보고 좋은 느낌을 받는 이유는 과거 우리 조상이 그걸 먹었을 때 생존에 도움이 됐기 때문일 겁니다. 우리의 뇌는 열량이 높은 음식을 볼 때 이끌리는 느낌을 받도록 진화했습니다. 또한 상한 음식을 볼 때 역한 느낌이 드는 건 그걸 먹으면 해로울 것이라고 우리의 뇌가 예측하고 있기 때문입니다.

우리 의식에 대한 이런 설명 방식은 실용주의와 상당히 유사합니다. 어떤 느낌, 믿음, 욕망 등이 우리의 삶에 도움이 되기 때문에 진화의 과정을 거치면서 그것들이 생겨났다는 거죠. 다만 실용주의는 한 개인의 삶, 또는 하나의 사회 안에서 믿음을 개선해나갈 수 있다고 본다는 점에서 차이점을 갖습니다. 진화적으로 우리의 몸은 사실상 이미 결정돼 있습니다. 우리가 세상을 바라보는 생물학적 본성의 방식은 안정적으로 정해져 있죠. 수만 년 전 인간이나 지금이나 뇌 구조는 거의 똑같습니다. 하지만 우리는 이성을 발휘함으로써 어떤 믿음이 삶에 더 좋은 효과를 끼치는지, 어떤 믿음을 선택하고 어떤 믿음을 걸러야 하는지 점진적으로 판단해나갈 수 있습니다.

실용주의자들은 대체로 진리가 하나라는 생각에 반대합니다. 제임스의 표현을 빌리자면, 우리의 믿음은 삶에 도움이 되는 "그 정도까지만" 딱 참입니다. 참과 거짓이 아예 분리돼 있는 게 아닙니다. 참인 정도, 거짓인 정도가 있을 뿐입니다. 그 어떤 믿음도 우리 삶에 절대적으로 도움만 되지는 않습니다. 각각 득과 실이 있죠. 그 득실의 정도에 따라 참과 거짓의 정도가 조정돼야 합니다.

이런 맥락에서 제임스는 신을 완전히 부정하지 않습니다. 우주의 '절대 원리' 같은 것도 마찬가지입니다. 이런 형이상학적인 대상은 우리가 그 어떤 경험적인 자료를 가져와도 존재와 무를 증명할 수 없습니다. 아무리 과학자들이 신의 존재에 반대하는 증거를 많이 가져와도, 신을 믿는 입장에서 그 증거들은 다 반박할 수 있습니다. 제임스는 신의 존재가 참인지 거짓인지 명쾌하게 판단하려 하기보다 신에 대한 믿음과 거부가 각각 우리 삶에 어떤 영향을 끼치는지 살펴봐야 한다고 생각했습니다.

신을 믿는 사람들은 상당한 위안을 얻기도 하고, 같은 믿음 아래 공동체 생활을 하면서 큰 행복을 누리기도 합니다. 도덕의 근거가 되기도 하죠. 이런 점에서 신은 참된 존재이자 믿을 만한 존재입니다. 하지만 신을 믿는 나머지 과학적 연구 결과들을 무시한다면 우리 삶에 큰 문제가 초래되겠죠. 이런 점에서 신에 대한 믿음은 거짓입니다.

실용주의는 우리가 최종적인 진리에 이를 수 있다는 기대에 철저하게 반대합니다. 우리는 그때그때 주변에서 수집하는 경험적인 자료들을 잘 종합해서 최대한 우리 삶에 도움이 되는 지식 체계를 만들어나갈 뿐입니다. 이 수정과 개선 작업은 결코 끝날 수 없습니다.

○

철학은 현재 진행 중

버틀러, 가브리엘

수행성

정치나 예술 관련 철학적 논의를 보면, '수행' '수행성' '수행적인' 같은 표현을 종종 볼 수 있습니다. 이런 개념이 널리 퍼지게 된 데에는 미국의 대표적인 동시대 철학자 주디스 버틀러Judith Butler가 큰 역할을 했습니다.

버틀러가 생각하는 수행성, 즉 'performative'란, 어떤 관념의 본질이 처음부터 규정돼 있지 않고 사람들의 행위에 따라 구성되어가는 성질을 가리킵니다. 버틀러는 저명한 젠더 이론가로, 페미니즘 철학에도 매우 큰 영향을 끼쳤는데요. 그녀는 수행성의 대표적인 사례로 젠더gender를 제시합니다. 젠더는 '성'이라고 번역되기도 하지만, 성을 나타내는 또 다른 표현인 'sex'와 구별해서 그냥 젠더라고 부르는 경우도 많습니다. 젠더에는 대표적으로 남성과 여성이 있습니다. 일반적으로 사람들은 남성과 여성이 젠더의 전부라고 생각하며, 이 둘은 생물학적 차이를 통해 본질적으로 규정돼 있다고 생각합니다. 여성으로 태어났으면 여성이고, 남성으로 태어났으면 남성이라는 거죠. 하지만 버틀러는 이런 생각에 강하게 반대합니다.

그녀는 젠더와 생물학적 성은 엄연히 다르다고 주장합니다. 생물학적 성은 유전자와 신체적 특징에 의해 이미 정해져 있습니다. 반면 젠더는 사람들이 일정 시간에 걸쳐 점차적으로 만들어 나가는 행동과 생각의 패턴입니다. 사람들은 '여자로 태어났으면 이렇게 살아야 해' '남자는 이런 가치관을 갖고 살아가야 해' 같은 전통적인 시각을 이어나가면서, 그에 따라 실제로 이 세상에서 특정한 행동을 하며 살아갑니다. 여성은 주로 화장을 하고, 남성은 주로 화장을 하지 않습니다. 이렇게 사람들이 익숙하게 받아들이게 된 성과 관련된 움직임(몸의 움직임과 사고의 움직임)의 패턴이 곧 젠더입니다.

따라서 버틀러가 생각하기에 젠더는 시간에 따라 변화합니다. 사람들이 긴 시간에 걸쳐 새로운 패턴을 쌓아나가다 보면, 지금과는 완전히 다른 젠더가 탄생할 수도 있습니다. 남성과 여성에 관한 관념이 아주 급진적으로 달라질 수도 있고, 남성과 여성 관념으로 포괄되지 않는 젠더가 등장할 수도 있습니다. 이미 우리는 이 시대에 전통적인 양성역할로 설명하기 어려운 젠더를 목격하고 있습니다. 트랜스젠더, 레즈비언, 게이가 대표적입니다. 심지어 요즘에는 상당히 도전적으로 보이는 젠더도 많이 등장했습니다. 여성과 남성이 한몸에 들어있다고 여기는 '안드로젠'도 있고, 젠더가 유동적이라고 여기는 '젠더플루이드'도 있습니다. 다양한 젠더의 권리를 옹호하는 사람들은 여기서 다 소개할 수 없을 정도로 많은 젠더가 이미 등장했으며, 그것을 전통적인 남성, 여성만큼이나 존중해야 한다고 생각합니다.

아마 지금 이 글을 읽고 계신 독자 가운데 젠더가 수행적이라는 버틀러의 생각에 반대하는 분도 많을 겁니다. 아무리 그래도 성은 생물학적 본성에 의해 결정되어 있어야만 한다고 생각이 들 겁니다. 철학에서 맞고 틀림을 가려낸다는 건 매우 어려운 일입니다. 다만 최근 몇십 년 사이 발전한 페미니즘 철학이나 퀴어 이론, 젠더 이론 등을 이해하기 위해서는 버틀러의 수행성 개념에도 한 번쯤은 마음을 열고 주의를 기울여볼 필요가 있습니다. 사람에 따라서는 이런 이론들이 아예 무가치하다고 생각하기도 합니다.

하지만 이 시대의 꽤 많은 사람들이 진지하게 관심을 기울이고 있는 분야이기에, 현대 철학의 한 흐름으로서 인정할 필요는 분명 있습니다. 찬성 여부와 상관없이요.

수행을 뜻하는 영어 단어 'perform'은 퍼포먼스와 관련이 있으며, 무대 위에서 연기하는 걸 뜻하기도 합니다. 이는 버틀러의 수행성 개념과 관련해 아주 중요한 의미를 갖습니다. 버틀러는 젠더가 일종의 연기와 같다고 주장합니다. 이 연기에는 대본이 필요한데, 젠더 연기의 대본은 역사와 전통에 의해 주어집니다. 과거로부터 전해온 움직임의 방식이 우리가 어떻게 행동해야 할지를 결정합니다. 우리는 그 패턴에 그대로 따라 특정한 젠더를 연기하며 살아갑니다. 남자로 태어났으면 남자를, 여자로 태어났으면 여자를 연기합니다.

여기서 중요한 건, 만약 연기자가 사라지면 연기는 더 이상 존재하지 않는다는 겁니다. 아무리 대본이 있어도 그걸 연기할 연기자가 없으면 연기는 존재할 수 없습니다. 마찬가지로, 젠더는 그 젠더를 수행하는 개개의 인간이 없으면 존재할 수 없습니다. 아무리 전통적으로 견고해 보이는 젠더 역할이 있다고 해도 어느 순간 사람들이 더 이상 그대로 행동하지 않는다면 그 젠더는 더 이상 존재하지 않습니다.

또 하나의 중요 포인트는, 버틀러는 전통적인 젠더 대본이 그동안 특정한 사회적 목적을 위해 사람들에게 강제돼온 것이라고 주장한다는 겁니다. 특히 번식이라는 목적 말이죠. 대부분 인류 사회에서는 남녀가 서로 사랑하며 가족을 이루는 것을 당연시해왔습니다. 지금도 이런 시각은 사회의 표준적인 생각입니다.

하지만 버틀러는 젠더에 대한 이런 시각이 그저 아이를 낳고 기르기 위한 목적에서 무비판적으로 반복돼온 것에 불과하다고 봅니다. 그녀의 생각에 따르면 남녀가 서로 사랑하는 건 결코 당연한 게 아니며, 사람들은 성적 욕망에 대해 전통과 전혀 다른 관념을 품을 수 있습니다. 젠더와 관련한 모든 건 결국 우리가 어떻게 대본을 써내려 가느냐에 의해 결정됩니다. 지금부터 사회 내에 다른 행위를 퍼뜨림으로써 주류 대본을 바꿔나가면 젠더는 변화합니다. 그래서 수행성을 강조하는 철학은 정치적 행동을 통한 변화를 중시합니다.

이 글에서는 수행성 개념을 젠더와만 연관 지어 이야기했지만, 그보다 훨씬 다양한 현상과 연결할 수 있습니다. 어떤 대상의 성격이 그 대상과 관련한 사람들의 행동이나 생각 패턴에 따라 변한다고 생각한다면, 수행성 개념을 적용할 수 있습니다.

　이런 사고방식은 해체적인 면모가 상당히 강합니다. 전통적으로 사람들이 옳다고 믿는 가치나 의미가 그저 그동안 사람들이 반복해온 행동 및 사고 패턴에 의해 구성된 것에 불과하다고 보니까요. 이런 논리는 어떻게 발전시키냐에 따라 자칫 전통이 가진 안정성을 급격하게 무너뜨리면서 사회에 혼란을 초래할 수도 있습니다. 과연 이런 해체적인 논리를 정말로 인간의 삶에 안정적으로 받아들일 수 있을지는 아직 역사적으로 결론이 나지 않은 문제입니다.

실재론

현대를 살아가는 우리들은 대부분 철학적으로 실재론자에 해당합니다. 실재론은 영어로 'realism'인데요. 이 단어는 사실주의라는 뜻도 갖기 때문에, 철학에서의 실재론을 따로 구별해 'philosophical realism'이라고 부르기도 합니다. 실재론이란 대체로 나의 의식으로부터 독립적인 무언가가 실제로 존재한다고 믿는 사고방식입니다. 나 말고 다른 사람이 정말 존재한다고, 혹은 하늘에 떠 있는 구름이 실제로 존재한다고 믿는다면, 실재론을 지지하는 셈입니다.

현대인들은 이 세상이 물질로 이뤄져 있다는 사고방식에 익숙한데요. 우주에는 물리적인 입자들과 에너지가 존재하고, 그것을 바탕으로 인간의 몸과 정신도 생겨났다고 보는 거죠. 이런 전형적인 과학적 사고를 지지한다면 역시나 실재론자라고 볼 수 있습니다.

실재론은 워낙 익숙하게 당연시되는 사고방식이기에 오히려 실재론이 아닌 다른 관점이 어떤 건지를 살펴보는 게 더 도움이 될 겁니다. 실재론에 반하는 입장을 통틀어서 '반실재론'이라고 부릅니다. 가장 엄격한 반실재론자들은 이 세상에 진정한 의미에서 정말로 존재한다고 볼 수 있는 건 아무것도 없다고 주장해야 합니다. 하지만 이렇게 강력한 견해를 지지하면서 사는 건 쉬운 일이 아닙니다. 우리는 끊임없이 경험을 하며, 각각의 경험은 분명 정말로 존재하는 무언가에 대한 정보를 알려준다는 느낌이 듭니다. 친구와 이야기를 나누면서 '이 친구는 허상에 불과해. 정말로 존재하는 게 아니야'라고 철저하게 생각하는 건 쉬운 일이 아닙니다. 이런 입장을 철학적으로 진지하게 옹호하는 것도 만만치 않은 일이고요.

그래서 대부분 반실재론은 특정한 영역에 '대한' 것입니다. 예를 들어서, '수'에 대해서 반실재론을 펼치는 사람들이 있습니다. 과연 1, 2, 3, π 등의 수는 정말로 존재하는 걸까요? 우리는 분명 수에 대한 많은 생각을 하고, 수학을 이용해 실질적인 기술을 만들어냅니다. 하지만 수가 정말로 이 세계에 존재하는지는 확실하지 않습니다. 이 세상에 수가 나무처럼 우뚝 존재하고 있는 건 아닙니다. 우리가 세계를 경험하면서 수를 '읽어내는' 것이죠. 어쩌면 수란 그저 인간이 세계를 파악하는 하나의 유용한 틀에 불과한 걸지도 모릅니다.

또 다른 대표적 반실재론으로는 과학적 지식과 관련한 것이 있습니다. 흔히 사람들은 과학이 이 세계의 객관적인 진리를 밝혀낸다고 믿습니다. 감춰져 있던 진리가 우리의 과학적 탐구를 통해 밝게 드러난다는 거죠. 그런데 반실재론자들은 객관적 진리가 정말로 존재하는 건 아니며, 과학은 그저 세계를 표현하는 하나의 방식에 불과하다는 겁니다. 물론 상당히 훌륭한 방식이어서 (여기서 '훌륭한'이라는 평가를 어떤 기준으로 할 것인지는 어려운 문제입니다만) 우리가 평상시 믿고 의지할 만하지만, 그렇다고 정말로 존재하는 어떤 진리에 직접 접촉하는 수단은 아니라는 겁니다.

실재론자들은 반실재론과 반대되는 생각을 가집니다. 수와 관련한 실재론자들은 수가 정말로 존재한다고 보며,

과학적 지식과 관련한 실재론자들은 과학이 정말로 객관적 진리에 이르는 길이라고 봅니다. 이 세계에는 우리의 경험, 의식, 해석보다 더 앞서서 존재하는 무언가가 있다는 거죠.

그런데 실재론에는 한 가지 문제가 있습니다. 실재론자들은 보통 정말로 존재하는 무언가에 대해서 말하기 위해, 그것이 우리의 의식으로부터 독립적이라고 주장하려 합니다. 우리가 그것을 의식하든 말든, 어쨌든 그것은 존재한다는 것이죠. 수는 인간이 세상을 해석하지 않더라도 그대로 존재한다고 보는 시각처럼요. 그런데 문제는 우리의 의식과 독립적인 무언가에 대해서 우리가 도대체 어떻게 알수 있느냐는 겁니다. 집 앞의 나무가 나와 상관없이 실제로 존재한다고 믿는 경우를 생각해보죠. 여기서 그 믿음은 어찌 됐든 나의 의식적인 활동입니다. 나의 의식으로부터 독립적인 나무에 대해서 생각하기 위해 저는 이미 의식적으로 그 나무를 다루고 있습니다. 결국 우리는 실재하는 무언가를 논하기 위해 항상 우리의 의식에 의존해야 한다는 걸 알 수 있습니다. 의식으로부터 독립적인 실재에 관한 생각이 언제나 의식에 의존적이라면 의식으로부터 독립적인 실재가 정말 실재하는지 어떻게 확신할 수 있을까요?

이런 문제의식에서, 요즘에는 새로운 실재론적 관점이 필요하다고 주장하는 철학적 움직임이 있습니다. 대표적 철학자로 마르쿠스 가브리엘Markus Gabriel이 있는데요. 그는 '신실재론'이라는 용어를 사용하면서, 실재에 대한 생각 자체를 바꿔야 한다고 주장합니다.

신실재론에서는 실재를 우리의 의식으로부터 독립적인 무언가로 생각하지 않습니다. 오히려 실재는 항상 우리의 관점과 관계를 맺고 있습니다. 관계야말로 무언가를 존재하도록 하는 가장 기초적인 틀입니다. 분명히 무언가가 정말로 존재하긴 합니다. 우리의 경험은 결코 완전한 허상이 아니고, 실제 존재하는 무언가와 맞닿아 있습니다. 그런데 그 실재 자체가 우리의 관점을 '통해' 이뤄져 있습니다. 우리로부터 독립적인 실재가 먼저 존재하는 상태에서 우리가 그것과 '별도로' 관계를 맺는 게 아닙니다. 오히려 우리가 그것과 맺는 관계가 그것을 이루고 있습니다.

이 아이디어는 현대 양자역학과 비슷한 면이 있습니다. 양자역학에서는 대상이 우리의 관찰에 따라 달라지는 현상을 묘사합니다. 우리가 보지 않고 있을 때는 분명 A 경로를 따라 이동하던 빛이, 우리가 그걸 관찰한다는 이유만으로 그것과 다른 B 경로로 이동하는 결과가 나올 때가 있습니다. 그 빛과 관련한 다른 물리적 조건이 하나도 변화하지 않았고 오직 우리가 그걸 관찰했냐 안 했냐만 바뀌었을 뿐인데, 빛이 나아가는 물리적 경로 자체가 달라지는 겁니다. 아주 알쏭달쏭한 일이지만 우주를 관찰하다 보면 이런 현상이 많이 목격된다고 합니다.

가브리엘도 약간 비슷한 결의 생각을 한다고 볼 수 있습니다. 그는 '실재'라는 개념을 우리로부터 독립적인 무언가를 가리키는 뜻으로 사용하면 항상 모순이 일어날 수밖에 없다고 봅니다. 어떤 방식으로든 실재하는 무언가에 대해서 말하거나 생각하면, 그 순간 이미 그것은 우리와 어떻게든 관계 맺은 것으로서 나타나게 되니까요.

에필로그

존 스튜어트 밀은 말했습니다. "남의 생각으로부터 배우지 않고 현명해진 사람은 단 한 명도 없었다"라고요. 아무리 똑똑하다고 해도 한 사람의 힘은 미약합니다. 인간은 이전 부터 쌓아 올려진 지식과 문화의 유산 위에서만 대단한 성 과를 이룰 수 있습니다.

철학을 공부하다 보면 지금 내가 하는 생각과 거의 똑같 은 생각을 이전에 누군가가 이미 했다는 걸 발견할 때가 있습니다. 전율이 이는 순간이죠. 한편으로 나와 비슷한 사 람이 있었다는 게 신기하기도 하고, 다른 한편으로는 내가 독창적인 생각을 했다는 환상이 깨지면서 허탈해지고 또 실망하기도 합니다. 그런데 저는 이 실망이야말로 발전하고자 하는 인간이라면 반드시 겪어야 하는 과정이라고 생각합니다.

실망의 다른 이름은 '현실 인식'입니다. 나만의 착각이 만들어놓은 자기만족의 벽을 허물고 현실의 객관적인 모습에 다가가는 거죠.

지금까지 살펴본 모든 철학적인 개념들은 다른 시대, 다른 사상의 개념들과 연결됩니다. 특히, 비판자들이 꼭 등장하기 마련입니다. 하나의 생각을 모든 후대 사람들이 그대로 인정하고 받아들이는 일은 결코 없습니다. 혹독하게 비판하는 사람들이 반드시 나타나고, 그렇게 찬반 의견을 주고받으며 인간의 생각은 변화해나갑니다.

철학 공부의 가장 큰 의의는, 내 생각과 비슷한 생각이 이전에도 있었다는 걸 깨닫고, 그걸 비판했던 논리도 있었다는 사실 역시 알게 되는 겁니다. 예를 들어 공리주의자들은 더 많은 사람을 더 행복해지도록 하는 게 도덕적으로 좋다는 지극히 상식적인 생각을 했습니다. 하지만 놀랍게도 의무론자들은 여기에 완전히 반대했죠. 행동의 결과를 가지고 도덕적 가치를 따질 수 없다고요. 이렇게 우리가 상식이라고 생각할 법한 것에도 누군가는 의문을 제기할 수 있습니다. 그리고 이런 의문을 진지하게 검토하는 것이 현실을 객관적으로 마주하는 인간의 자세입니다. 모두 다 나와 같은 '사람'들로부터 나온 생각이니까요.

분열이 극으로 치닫는 시대입니다. 이럴 때일수록 우리는 상대도 나와 같은 사람이라는 걸 상기해야 합니다. 내가 도저히 받아들일 수 없는 저들의 이상한 생각도 오래전에 이미 누군가가 비슷한 형태로 제시했었으며, 그것에 찬성하는 사람도 있었고 반대하는 사람도 있었습니다. 내 생각과 마찬가지로 말이죠.

역사에 이름을 남긴 천재들마저도 서로 다른 의견을 내고, 격렬히 싸웠습니다. 아무리 똑똑한 사람의 생각이어도 그만큼 똑똑한 다른 사람들의 생각과 상충했습니다. 그렇기에 우리는 겸손해야 하고, 배움의 시선으로 타인에게 귀를 열어야 합니다.

저는 이 책을 생각의 지도로 만들고자 했다고 말씀드렸습니다. 철학의 세계를 탐험할 때 길을 잃지 않도록 도와주는 도구 말이죠.

다만 저는 이 책이 보물지도가 아니라는 점을 강조하고 싶습니다. 보물지도에는 목적지가 이미 정해져 있습니다. 숨겨진 보물로 우리를 이끌어주죠. 이와 다르게 일반적인 지도에는 목적지가 없습니다. 그저 지형과 환경이 묘사돼 있고, 그걸 보고 어디로 갈지 정하는 것은 우리입니다. 이 책은 그저 평범한 지도입니다.

'어디로' 가는지보다 '어떤 태도로' 가는지가 더 중요합니다. 하나의 도시를 여러 도로가 다른 도시와 연결하듯 하나의 생각은 여러 경로를 통해 다른 생각과 연결됩니다. 나의 생각을 나만의 것이라고 여기지 않으며, 하나의 개념이나 사상을 하나의 완결된 의미에서만 이해하지 않는 것. 하나의 지점이 있으면 언제나 그것과 연결된 다른 지점들을 의식하는 것. 이런 태도로 생각의 길을 걸어나가면, 어디에 가든 길을 잃지 않을 겁니다.

쓸모 있는 사고를 위한 최소한의 철학

2025년 6월 11일 초판 1쇄 발행

지은이 이충녕
펴낸이 이원주

책임편집 고정용, 이채은 **디자인** 정은예
기획개발실 강소라, 김유경, 강동욱, 박인애, 류지혜, 최연서
마케팅실 양근모, 권금숙, 양봉호 **온라인홍보팀** 신하은, 현나래, 최혜빈
디자인실 진미나, 윤민지 **디지털콘텐츠팀** 최은정 **해외기획팀** 우정민, 배혜림, 정혜인
경영지원실 강신우, 김현우, 이윤재 **제작실** 이진영
펴낸곳 (주)쌤앤파커스 **출판신고** 2006년 9월 25일 제406-2006-000210호
주소 서울시 마포구 월드컵북로 396 누리꿈스퀘어 비즈니스타워 18층
전화 02-6712-9800 **팩스** 02-6712-9810 **이메일** info@smpk.kr

쌤앤파커스(Sam&Parkers)는 독자 여러분의 책에 관한 아이디어와 원고 투고를 설레는 마음으로 기다
리고 있습니다. 책으로 엮기를 원하는 아이디어가 있으신 분은 이메일 book@smpk.kr로 간단한 개요
와 취지, 연락처 등을 보내주세요. 머뭇거리지 말고 문을 두드리세요. 길이 열립니다.